Steel and beyond

国外建筑材料与设计丛书

超越钢结构

——金属建筑新技术

[美]安妮特·勒古耶　著
杜晓辉　译

中国建筑工业出版社

著作权合同登记图字：01-2006-2723号

图书在版编目（CIP）数据

超越钢结构——金属建筑新技术／（美）勒古耶著；杜晓辉译．—北京：中国建筑工业出版社，2008
（国外建筑材料与设计丛书）
ISBN 978-7-112-10313-3

Ⅰ.超… Ⅱ.①勒…②杜… Ⅲ.金属结构-结构设计 Ⅳ.TU390.4

中国版本图书馆CIP数据核字（2008）第133516号

责任编辑：孙 炼 率 琦
责任设计：郑秋菊
责任校对：李志立 关 健

国外建筑材料与设计丛书
超越钢结构
——金属建筑新技术
[美] 安妮特 · 勒古耶 著
杜晓辉 译
*
中国建筑工业出版社出版、发行(北京西郊百万庄)
各地新华书店、建筑书店经销
北京嘉泰利德公司制版
北京方嘉彩色印刷有限责任公司印刷
*
开本：787×1092毫米 1/16 印张：9 字数：300千字
2009年3月第一版 2009年3月第一次印刷
定价：58.00元
ISBN 978-7-112-10313-3
(17116)

目　录

金属、机械与现代性

水晶宫，伦敦
约瑟夫·帕克斯顿，1851年
为大量生产类似的建筑系统提供了范例

一天的产量，福特汽车公司，海兰公园，密歇根州，1914 年

当前，建筑业正在经历一场最快速、最激进的转变。这个转变在很大程度上是由新设计、新制作和新装配程序的开发促成的，它使得一些建筑和结构的实现成为可能，而这些甚至在10 年前还由于技术或者经济因素的限制而没有可行性。大量产生的教条思想统治了整个 20 世纪，最终在通用钢构件上得以集中体现，同时它又受到有着巨大潜力的计算机辅助设计和制作的挑战，所有这些都对建成形式的概念和构造有着深刻的含义。

19 世纪中期，当批量生产铁、钢以及玻璃的程序被开发的时候，也发生过类似的根本性变化。建筑师在其他领域获得发展，尤其在铁路的设计和建造方面不断产生工程革新。铁路设计被作为一种不确定的、广泛无限的抽象形式进行构思，由此为钢在建筑建造上的发展奠定了基础。利用这些原则的最显著建筑是由约瑟夫 · 帕克斯顿于 1851 年在伦敦设计的水晶宫，约瑟夫 · 帕克斯顿直接与建造者携手合作的这座建筑，今天仍继续激励着建筑师和工程师们。利用一套标准部件，水晶宫在不到 8 个月的时间里就被设计和建造起来，它曾是当时所建造的最大的围合建筑。水晶宫的设计和建造被宣布为应用亚当 · 斯密劳动分配法则的第一个建筑，而且这个法则在很大尺度上调整了人工、材料和机械的比例。[1] 令人吃惊的是，与当代的建筑风气相比，建筑物不是作为形式而是作为过程被构思。

水晶宫建造过程的 10 年见证了经济型钢冶炼方法的发展。据此创造了钢框架的条件——由标准部件组成，这些标准部件由广泛分散设置的工厂大量制造并在现场迅速晾干装配，成为将要在 20 世纪盛行的体系建筑物的范例。对于钢的运用是非常重要的，不仅因为它能被生产工业的过程塑形，还因为它固有的材料属性。建筑师和工程师第一次处理这种具有巨大受拉及受压能力的强劲材料。这种材料将显著改变形式和空间的本性，促进高层和大跨度建筑的发展，把围合建筑从承担一定荷载的束缚中解放出来，迎接机械时代的到来。

机械的时代也是金属的时代。在底特律，亨利 · 福特的装配线将生产过程提升到一门高等艺术，利用时间精心安排数千个组成构件，创造象征 20 世纪的大量生产的钢产品和汽车。生产过程的压力使制造业脱离多层混凝土框架建筑，而将其用于大量的单层大跨度钢框架结构中。第一次世界大战推动了具有很大强度和耐久性的合金钢的发展。尽管合金钢仅仅在尺度上增加了抗压强度，但它的根本好处在于使钢的受拉能力显著增强。[2] 像劳动分配原则一样，在材料学上的这些优点也被福特吸收，所以到 1927 年，“T 形”钢合并了 54 种不同类型的钢。[3] 同样地，第一次世界大战后，铝的生产变得日益经济。在产品的制作方法和目的方面，生产出的金属机械工具和占主导地位的金属生活消极品极大地改变了普通人的生活。机动车辆在 1900 年是不

通用汽车技术中心，
沃伦，密歇根州，埃罗·沙里宁，1956 年。
用批量生产的预制构件安装的幕墙

埃姆斯住宅，太平洋海崖，加利福尼亚州，查尔斯和雷·埃姆斯，1949 年。实例研究 8 号住宅，是一系列以大量生产的钢框架组装的住宅系统中较有代表性的一例

存在的，但到了 1930 年在美国的数量却增加至 2600 万；[4] 此阶段不仅是航空工业的发展时期，也是金属产品例如烤箱、吸尘器、电冰箱和其他所有家庭用具剧增的时期。

在建筑中，对于消费者的日常生活，金属与现代性有着密不可分的联系。现代主义者专心于研究产生于自由平面、普通空间的骨骼框架和幕墙，并且利用大量已建成的建筑做试验。通过密斯·凡·德·罗光滑的摩天大厦想像草图、巴克敏斯特·富勒对大量生产的铝制住宅的推销以及简·普鲁威 (Jean Prouve) 的加压金属结构系统和预制金属覆层系统原型可知，这些想法早在 20 世纪二三十年代就被探究。直到金属结构和覆层系统在美国北部集中发展后，这些想法才被人们大规模认识。在俄勒冈州波特兰市，有一座铝和玻璃共同作为表皮材料的建筑，是由皮耶特罗·贝鲁斯基 (Pietro Belluschi) 在 1947 年设计完成的，这个建筑引发了一系列美国式摩天大厦的出现。[5] 与建造更高建筑的想法形成对比的是，那个时期最有意义的工程之一——低层的通用汽车技术中心于 1945 年被委托，并在 1956 年开放。由埃罗·沙里宁设计的这个研究场地代表了金属、机械和现代性的完美结合。沙里宁说，“通用汽车是金属管理和精密工业，它拥有很高的产量，所有这些因素在某种意义上都应该在代表技术中心的建筑中被表达出来，所以设计是以钢——汽车的金属为基础的。像汽车一样，建筑物在本质上作为一条生产装配线，把大量生产构件以外的东西组合装配起来。”[6] 所有场地中的建筑被构思成可扩展的柔性系统中的一部分，而这个系统由 1.5m 严密网格中的 I 形截面柱和三角形格构桁架确定。得益于建筑师和有着专门技术并对金属技艺的改革有着广泛兴趣的委托人之间的亲密合作，建筑表皮成为一个可以预制的玻璃幕墙和金属覆盖的绝缘夹心板，并且悬挂的顶棚是一个特殊设计的浇铸铝框架系统。很多从第一原则发展来的组成部分成为了标准部件的原型，而这些标准部件随后将被大量生产并推向市场。受小汽车行业的影响，这些系统的性能与其安装及外观同样重要。在通用汽车技术中心的设计中，其大部分由只有 60mm 厚度的外墙组成，但与 400mm 的砖石空心墙具有同样的热工性能，同时经过革新的顶棚系统还能够与照明系统、声响系统、喷洒系统以及空气调节系统结合起来。

同一时期，在加利福尼亚州的案例研究中，住宅被委托设计成大量生产的钢框架住宅系统的原型。尽管许多原型被建造，却没有一个被投入研究。最引人注目的实例是 1949 年的埃姆斯住宅 (Eames House)，该住宅拥有流行的包金箔的柱截面结构、开放的网架钢托梁以及钢框架预制覆盖系统。同样，在 20 世纪四五十年代，密斯·凡·德·罗尤其关注标准钢部件构造性和代表性的潜力，以及结构和建筑外壳的清晰度。在美国工作的时候，他对如何提炼建筑的词汇产生了兴趣，新生的具有适应性技术的

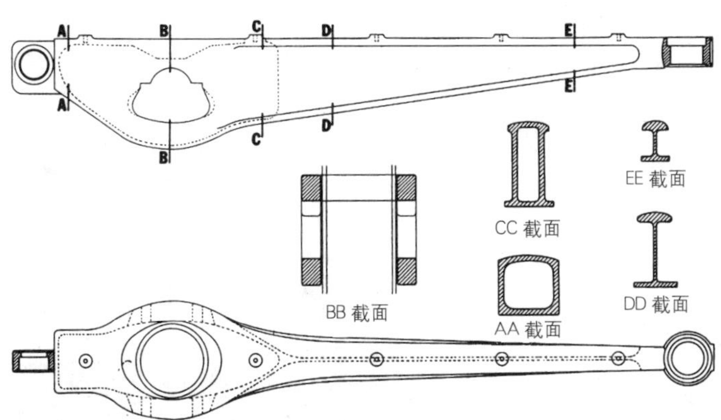

蓬皮杜艺术中心，悬臂梁的平面和截面

蓬皮杜艺术中心，巴黎，伦佐·皮亚诺和理查德·罗杰斯，1977 年。铸造中的悬臂梁铸件

建筑行业支持了他这个想法，其中的适应性技术包括从战时企业中受到启发的钢的焊接法和铝的延展法。[7] 在这种技术主导的环境中，密斯发展了 I 形梁和 H 形柱；通过一系列钢、铝以及有青铜竖框的幕墙的重复，实现了大量产品最后的精美。

尽管这种革新的精神在北美的存在是短期的，但美国中世纪的现代主义思想激发了 20 世纪六七十年代新一代欧洲建筑师的产生。从水晶宫殿开始的思想颠峰可能由强调工业生产雅致性的两座建筑物加以体现：1977 年建成的由伦佐·皮亚诺和理查德·罗杰斯设计的蓬皮杜艺术中心和 1978 年由福斯特及其合伙人联合事务所设计的森斯伯瑞（Sainsbury）中心。回忆起 19 世纪的认为水晶宫是工程的优秀实例而不是建筑的这一最引人注目的评论，肯尼思·弗兰姆普敦说，“20 世纪末有着多种思潮，事实上，从拥有真正现代建筑形体的角度来说，水晶宫与现代派的建筑是没有角色差别的，应该不完全算是装饰精美的工程，或确切地说，在很大尺度上是一个产品或工业的设计。”[8] 然而，建筑物本身不像汽车和其他工业设计的产品，已经被证明对大量生产有显著的耐久抵抗作用。蓬皮杜艺术中心和森斯伯瑞中心都是一次性的建筑，并且它们的组成部分尽管已经被提炼，仍不能被投入生产。与之相反，在组成构件的水平上，大量的产品的确支配着建筑中的金属部署，这不仅导致钢截面的普遍应用，而且也导致了像由哈芬、巴特勒和德国 Mero 等企业生产的组件的模数化系统适应于新的组件中。然而，最初自由的东西随着时间的流逝逐渐受到限制，同时标准构件的目录也为建筑师和工程师日益指定了可能的实施范围。

当蓬皮杜艺术中心作为多种学派的样本被引用时，它也代表了对工业专制思想有意义的突破。尽管一个建筑系统被明显地作为一套部件构思，作为特殊化制造的钢铸件而被设计的结构元素仍被应用在没有个性特征和普遍存在冷轧部件的位置。彼德·赖斯——蓬皮杜艺术中心的结构师，被钢铸件所吸引，准确地说是因为“……尽管被工厂制造加工，但它不是一个耐用的工业产品，而是一个人类介入很明显的地方”。[9] 悬臂梁——同建筑其他各种不同的构件结合，作为一种对结构力的尝试——逐渐象征着人性精神。蓬皮杜艺术中心唤醒了 19 世纪潜在的金属铸件工艺，同时灌输了在 20 世纪发展原子能和北海油业的破碎力学理论。[10] 如今，钢铸件被广泛应用，在很大程度上归功于对构件连接方式的日益关注。

因为体系建筑的观念是由铁路激发的，这伴随着 1993 年滑铁卢国际车站的建立，对于进一步削弱大量产品的联结则是一种讽刺，这座车站所处位置的复杂几何形体需要一个系统：能使每个结构柱都不同。既然传统的钢截面在当时是被限价销售的，尼古拉斯·格里姆肖和安东尼·亨特（Anthony Hunt）设计了标准地

通用汽车技术中心，沃伦，密歇根州，埃罗·沙里宁，1956 年。不锈钢水塔

古根海姆博物馆，毕尔巴鄂
盖里建筑事务所，1997 年。
基于标准化与重复性的结构和覆层

铁结构，直接套用并调整即可适应每个特殊的本地条件。在滑铁卢国际车站设计并建造期间，计算机就已经被建筑师和工程师使用了很多年，主要是为了结构分析并能够重复和大量积累设计程序。对于滑铁卢国际车站而言，他们也习惯于尝试产制造出了经济可行的各种各样复杂的钢结构和双曲线玻璃以及金属外壳。

其他的发展扩大了金属作为建筑表皮的应用潜力。在早期工程中挑战了轻木框架习俗的弗兰克·盖里，随后处理了金属薄片并在根本上完成了从单调的建筑形象到再次与现代密切结合的金属形象的转变。正如蓬皮杜艺术中心的设计者使用新技术以激励旧的铸件工艺，盖里的早期材料钻研发展了传统的折合接缝屋面材料技术。他对金属的迷恋激发了综合办公室工作中的数字化设计和建造进程的全部潜力。如果现代主义是由汽车、船舶和飞机的设计和生产激励的，那么同样地，在金属结构和覆层设计上的最新进展使那些相同的产业不仅在软件方面而且在制作技术的专门知识方面都得到了好处。

尽管今天软件包在很大范围内被建筑师和工程师使用，盖里众所周知的偏好是由法国航天防卫工业发展并在 20 世纪 80 年代中期发布于世的 CATIA。当时 CATIA 被汽车制造者狂热推崇。他的第一个运用 CATIA 的工程，是 1992 年为巴塞罗那的奥林匹克村做的钢框架镀铜鱼雕塑，迈出了相应设计风格的适当的一步，不久出现了毕尔巴鄂的古根海姆博物馆和西雅图的体验音乐博物馆（EMP）。毕尔巴鄂博物馆的形式激发了人们的想像力，但是它的构筑属于标准钢截面和重复性覆层模数的旧的体制。从表面说，体验音乐博物馆类似于毕尔巴鄂博物馆，但是它的生产程序是完全不同的。它属于复杂工业生产系统的新的体制，在这个系统里，每个组成部分都是不同的。它的金属结构和覆层——尽管在许多方面比较粗糙，但对于意识到从大量产品到大量定制构件的转变中潜在的数字技术是非常重要的一步。

数字技术不仅运用在建筑设计中，而且还运用在制作和装配集合中。尽管体验音乐博物馆是这个新体制的象征，它代表的只是许多被探究的革新方向中的一个。跟随福特制的足迹，数字技术促进了在材料和劳工上最优化的增加。与抑制时间和机械重组的成本以及经济规模的必然需求相反，数字加工装置的改进只使用了适度的额外成本，便生产出了独一无二的构件。从形式上来说，日益复杂的欧几里得几何形和非几何形以及不定形的建筑在经济上已完全可行。而且，数字技术正在改变这些复杂建筑的现场装配，同时被埃罗·沙里宁赞美的工业精度将变得更加精炼。作为度量单位的公差正在缩小，因为传统工具将被地球定位技术准确探测的三维空间坐标所取代。

更重要的是，软件把三维数字模型流畅地转化到二维的加工数据中，这种能力导致建筑

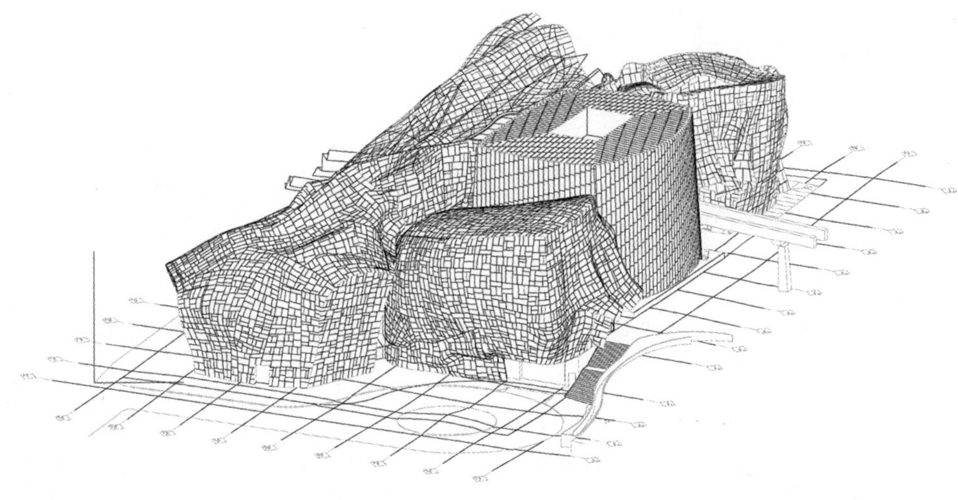

师和工程师与制造者和承包者更亲密的合作。结果就是在产品精致性上更新的要求。生产主义新的紧张正在显现，对于设计者来说，它取代了由工业的巨大压力所造成的限制，从工具的占有到工业产品的定形再到每个工程特殊的需要。更加有效更加准确的是，数字化工具为工业生产的人类创造了新的潜力。现在，使工艺和作为工业革命副产品的工业之间达到对立和谐的条件已经存在了。重申金属作为现代化标志的重要性，这些在建筑产业中的重大变化正在被设计的数字程序以及金属结构和外壳系统的安装所引导。金属对于这项新技术的接受力可能被争议，这个观点来源于金属能轻而易举地被加工、切割、折叠、栓接、焊接、挤压、浇铸、熔合以及很容易与其他金属结合。随着数字代替机械，建筑性金属正在被逐渐认可甚至更加具有通用性。在当今时代，建筑师如何更加充分地利用新型材料完美阐述自己的设计方案，是需要思考的问题，但是机械时代远没有结束……

体验音乐博物馆，西雅图，盖里建筑事务所，2000 年。每一个结构和镀层构件都是不同的

1. John McKean. *Crystal Palace* (London: Phaidon Press, 1994) p. 21.
2. James Miller, editor. *The Buckminster Fuller Reader* (Middlesex, England: Penguin Books Ltd., 1970) p. 198.
3. Ibid., p. 196.
4. Richard Guy Wilson. "The Industrialist as Artist," in *Raymond Loewy* (Berlin: International Design Center, and Munich: Prestel Verlag, 1990) p. 68.
5. William H. Jordy. *American Buildings and Their Architects* (Garden City: Anchor Books, 1976) p. 233.
6. Eero Saarinen. *Eero Saarinen on His Work* (New Haven: Yale University Press, 1962) p 30.
7. Phyllis Lambert, editor. *Mies in America* (New York: Harry N. Abrams, Inc. 2001) p. 200.
8. Kenneth Frampton. *Modern Architecture: A Critical History* (London: Thames and Hudson Ltd., 1992) p. 302.
9. Peter Rice. *An Engineer Imagines* (London: Artemis, London, 1994) p. 34.
10. Ibid., p. 33.

最 优 化

媒体中心，伦敦，
未来系统，1999 年。
铝制半硬壳建筑

媒体中心，铝制半硬壳的连接处

最大限度利用资源的住宅原型，威奇塔市（Wichite），堪萨斯州，理查德·巴克敏斯特·富勒，1941～1946 年。
铝合金骨架和铝合金板外饰面原型，从中心柱上撑起，并且从来没有进行过大量的商业生产

外形轻盈是 20 世纪建筑设计中上的一个首要原则，这种轻盈度通过自由组合框架结构与追求极致效果的幕墙来取得。工程师罗伯特·勒·瑞卡雷斯（Robert Le Ricolais）把这种结构上的目标概括为："无限大的跨度，零重量"。[1]然而对于围护系统来说，最终的目标是它的透明度。除了建筑美学的目标之外，耗费材料最小化的观念是用最少的材料作最多的事情，接近"几乎什么也没有的建筑结构"[2]——被当作是追求工业效益最大化的根据。

巴克敏斯特·富勒坚持不懈地研究铝合金的兴趣是建立在铝合金轻质高强性能基础上的。他的问题"你的建筑有多重？"将建筑塑造轻盈的责任等同于保护环境的责任，最终确立了他所希望的在建筑结构和面板上广泛采用铝合金的发展阶段。然而他最大限度利用资源的住宅（第二次世界大战之后建立的原型）从来没有被投入商业建设，并且，当铝合金在围合建筑系统被广泛应用的时候，在著名的建筑实例当中，仍然没有人使用他提倡的这种结构。与富勒提倡的这种轻盈持久的建筑体系理论相悖的是，相对于钢来说生产铝合金对环境造成的有害影响还是较大的，人们要求较大的铝合金构件达到像钢那样的功能这一事实已经阻碍了铝合金构件的广泛应用。虽然有这些利弊关系，但是在最近完成的工程当中仍旧尝试了铝合金在建筑结构上的应用。由未来体系（Future Systems）设计并在 1999 年完成的伦敦劳德板球场的纳特威媒体中心（The Natwest Media Center），完全由铝制半硬壳焊接完成。完整的结构和外形都是用数字模拟，CNC 切割，由一个擅长制造赛艇的造船厂组装的。建筑师威尔金森·艾尔（Wilkinson Eyre）于 1999 年在肯特郡梅德斯通设计的 Lockmeadow 人行桥就明显地将焦点集中在通过减少结构来达到外形最小化上。纤细的轻质骨架和桥的覆板被组合在一个单一预制铝合金的可以连续互锁并快速拉紧的压型板上，这一系统后来使建筑师获得了专利权。

其他金属在建筑结构当中的应用同样是有限的。霍普金斯建筑师事务所在 1992 年建成的位于伦敦的布莱肯住宅凸窗中，就发展应用了铝合金青铜的结构铸件。在 2000 栋 Portcullis 住宅中，又进一步扩大到完整的结构和维护系统，其正立面和屋顶是用 25mm 厚的板、定制的成型构件以及铸件焊接并组装而成的；用连续的片状材料做成的这些板和构件使得建筑构成的截面保持了变化的连续性。虽然是技术创新，但是这种系统较高的成本可能会阻止这个系统较大规模的生产和在其他工程当中的广泛应用。

众所周知钢铁的强度、硬度和广泛用途，所以钢铁在建筑领域当中一直是建筑结构最主要的材料。高强合金的发展极大地推动了金属最优化使用的进程，高强合金正逐渐在建筑和更有效的结构当中发展使用。利用法兹勒汗关

Lockmeadow 人行桥，梅德斯通，英国，威尔金森·艾尔建筑事务所，1999 年。
相互咬合的铝合金压型板既是结构又是面板

于成束管的观点，例如，位于芝加哥的 1974 年设计的西尔斯大楼，保持了好多年作为全球最高建筑的纪录。在第 110 层，它的金属结构的重量恰好是 33lb/m^2（16kg/m^2），比在 43 年前建造的 102 层高的帝国大厦中的金属结构重量少了 40%。[3] 同样地，像格拉斯哥风塔这样的高层建筑，优化利用金属结构来抵挡相当大的风压还是必要的，即使具有不同的结果。格拉斯哥风塔像船帆一样随着风而转动，极大地减少了风压和旋转张力。

在寻求建筑轻盈的过程中，公众更认可巴克敏斯特·富勒关于可拉伸性而非可压缩结构的提倡，而不仅仅关注于他对于铝合金的狂热。与压缩强度相比，金属在拉伸状态下强度－重量比率的优越性在过去 30 年可拉伸结构的发展中得到反映。在金属结构当中被强调的作为材料最优化形式的张力在英国庆祝千禧年的设计中被采用，在那个设计中，文化和形象上的轻盈预示了未来乐观的前景。在拉伸结构中，随着像凯夫拉尔一样的缆索材料的出现，金属的优势正在受到一定程度的冲击。然而，虽然凯夫拉尔缆索材料具有比钢铁较好的强度－重量比率，但是它在处理压力荷载方面缺乏柔韧性。尽管它比钢铁成本低，但仅仅是用在特定的环境中，比如由福斯特设计的巴塞罗那塔，在那里吊索被用来消除交通传输的障碍。更具重要意义的、令人惊奇的是实验室里关于蜘蛛丝的发明。这种自然聚合体具备很好的弹性，它可以吸收折断同样直径的钢线所需的 100 倍的能量，[4] 并且如果这种方法能发展为大规模的生产，它会因此具备缆索和钢筋网片的潜力。

虽然建筑师和工程师仍然致力于寻求建筑外形的轻盈，但是这种类似于追求工业效率指标的想法正在面临多方面的挑战。随着对可持续性的逐渐关注，为了达到建筑外形轻盈而广泛应用高强材料的情况正在接受越来越严格的审查。通过强调生产这些材料的额外能源和这些能源的再生问题的研究，最优化的概念从纯粹的结构功能扩大为一个更为复杂的标准的范围。[5] 甚至在 20 世纪早期，亨利·福特就已经了解了在材料和人工之间的一种效率平衡。材料的性能通过生产得到最佳化，人工的性能通过产品装配线得到优化。同样地，当代建筑实践的发展通过减少材料、技术和人工的数量而显示出不断的推动力。在这种情形中，数字设计和生产的方法在本质上不是传奇故事，而仅仅是在这种进展上的最新循环。

过去的 30 年中，举个例子，在材料和人力成本花费比率上，英国的钢铁工业发生了重要的变化。过量的生产使得市场充满着更为激烈的竞争；甚至在通货膨胀的情况下，钢铁工业的原材料价格增长了将近 50%，然而人工成本却增长了三倍。现在，每吨钢铁的成本——在 20 世纪 70 年代早期大概相当于 100 个人工小时——现在仅仅相当于 33 个人工小时。[6] 虽然这些数据在每个国家都有所不同，但是在发

体验音乐博物馆，西雅图
盖里建筑事务所，2000 年。
专门定制的、由金属板生产的可变化的结构肋梁

达国家人工费较高，这一点大体是相同的。在过去 20 年中，随着钢铁生产厂家广泛应用 CNC 切割技术、钻孔技术和焊接技术，以及随之发生的劳动力需求的减少，按绝对价值计算降低了英国标准钢架结构建筑的成本。一个英国生产商引证了关于招标结构钢的一个 40 层塔楼的范例，这个塔楼的建设由于不利的经济条件而被耽误了。当在 1999 年经济繁荣时期再次招标时，钢铁承包商非常放心地在原招标价格的基础上降低了 10%，甚至没有作任何由于物价上涨原因的调整。[7]

结构钢在材料和人工成本之间变化的比率，最终向建筑师、工程师和生产商们一贯的固有思维发起了挑战。最小的重量不再意味着最低消耗成本或工业效益的最大化。取代了以前那种在柱子接合位置拼接较重梁断面的方法，现在最有效的方法是整体使用较重的梁，这样就消除了焊接的人工成本。比如，在英国博物馆的大展苑，尽管看起来更浪费材料，但是用 150mm 厚的钢板经 CNC 切割成隐蔽的构架（被设计用来抵抗角落的冲击力），相对于生产它们的成本来说还是更为经济的。因为这种策略消除了焊接厚钢板过程中产生的内应力，并且在技术上也是一种比较好的解决方法。在盖特谢德千禧桥（Gateshead Millennium Bridge）中，指定在箱形断面中使用厚钢板以减少人工数量与劳动强度。同样地，当管状钢材断面的价格（按延米定价而不是以重量定价）以每吨来换算到成本的时候，价格的差异显示了每种尺寸范围中最轻的构架其实是花费更高的。[8] 那么，较重的构件可以是更有效的花费成本的构件。在每个这样的实例当中，作为最大效益和最低耗费的指标，较重结构钢的应用使建筑外形不再轻盈——这种观点仍存在于设计师和制造商所使用的多数的软件中。

既然金属板是结构钢中最便宜的一种形式，那么 CNC 切割和机器人焊接就意味着在某些特定的领域，用金属板生产定制的外形可能和用冷轧构件生产一样经济。这便意味着新的尝试：在某些不均匀的和变化的构件断面，与普通的荷载条件相比，用金属板厚度更有利于处理特殊局部，这种逻辑产生了一种新的观念转换，即体现在从毕尔巴鄂古根海姆博物馆的标准宽翼缘结构构件到体验音乐博物馆中因为特定功能而制作的可变化高度的梁肋。伴随着特制的结构钢外形经济可行性的出现，普遍应用的断面成本正在面临挑战。

1. Françoise Fromonot. *Marc Mimram: Solferino Bridge Paris* (Basel: Birkhauser, 2001) p. 17 referring to Marc Mimram. *Structures et formes – Une étude appliquée a l'œuvre de Robert le Ricolais* (Paris: Dunod, 1983).
2. Kenneth Frampton. *Studies in Tectonic Culture* (Cambridge: The MIT Press, 1995) p. 203.
3. William Marlin. "Sears Tower: The Mail Order Approach to Urban Form," *Architectural Forum* (January-February 1974) p. 28.
4. *Exploring Materials* (London: Ove Arup Partnership, 1992) p. 22.
5. P.R. Head. "Construction materials and technology: a look at the future," *Civil Engineering* (July 2001) p. 115.
6. Interview with Peter Miller, Watson Steel Ltd., 22 January 2002.
7. Ibid.
8. Peter Miller and Iain Hill. "The Economic Design of Tubular Steel Structures: A Fabricator's View," seminar presentation at the Institute of Structural Engineers, London, February 2002.

“伦敦眼”（2000 年）

直径 135m 的“伦敦眼”是世界上最大的观景摩天轮，也是伦敦排名第四的超高层建筑。尽管尺度巨大，但是它最引人注目的一点是建筑的壮观精美。由马克斯 · 巴菲尔德（Marks Barfield）建筑事务所和结构工程师简 · 维尔尼克（Arup 的前身）设计，摩天轮看起来闪闪发光，并且每个节点都是难以置信地精细。它悬挂在泰晤士河畔，好像在挑战重力规律。“伦敦眼”与自行车轮一样，利用同样的结构原理工作运转，带有一个轮缘，并且这个轮缘被从中心轴每个终端放射的缆索辐条约束压缩着。该建筑仅仅支撑在河岸的一边，悬在泰晤士河上，依靠安装在轮缘上的玻璃外壳提供良好的视觉景观。随着轮子的转动，参观者有种悬浮在世界顶部的感觉。

“伦敦眼”的最初想法起源于 1993 年为庆祝千禧年建造一个纪念碑的创意竞赛，这个竞赛是一个没有胜利者的竞赛；最终于 1951 年英国国庆的时候，摩天轮被战略性地安放在伦敦的中心位置。竞选方案里包括一个压紧的坚固臂肢，后来的设计研究开发了多个重复的臂肢配置。幸运的是，这些臂肢在最后一轮方案策划中被遗漏了，所以全部建筑只依靠那些细长拉紧的轮辐。轮缘和缆索系统被先前的张力固定住，使得缆索在轮子自重或者风荷载的背风面的影响下都不会松缓。为了抵制车轮连续弯曲的趋势，建筑师优化设计了轮缘和轮轴的几何形体，以便在最小的重量下获得最大的刚度。

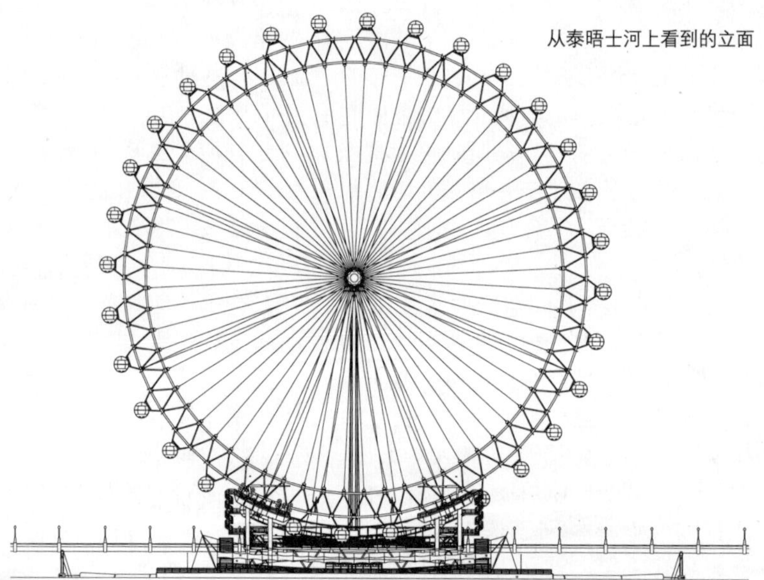
从泰晤士河上看到的立面

轮缘托架的预制装配

工人在越过河面的临时支撑结构上水平地装配摩天轮和金字塔形建筑物支撑结构

设计者考虑到在轮缘的厚度和缆索的数量之间有一个“最轻感”的视觉平衡，所以设定轮缘的三角孔桁梁为8m宽、6m高。托架由64根轮辐缆索和16个旋转缆索与轮轴相连，以阻止轮缘与轮轴转动之间的延迟。托架的三个主要弦条直径457mm，并且对角拉条直径范围为194～245mm。因为直接进行管对管的联结将不足以支撑由移动结构产生的巨大张力，所以设计者在移动装置上分配焊接板的节点，以显著增加接触面积并提高转动力。

车轮1800t的荷载仅仅支撑在一个悬臂上。因为传统规则已经不适用于类似这样的移动结构，因此，正如欧洲新规范所展示的，设计者对于荷载因素的考虑主要来自结构可靠性理论。

从泰晤士河看已经建成的摩天轮

穿越周年纪念公园的轴向通道强调了“伦敦眼”巨大的尺度与精美

中心轴经测量，长度为24.6m，直径2.15m，由300mm墙厚钢铸件的七个部分和一个80mm厚板的轧制型材构成。每个铸件均由里到外加工三次。焊接在一起以后，装配要被再一次加工才能达到最终的轮廓外形，并且还要用热处理来减小残余应力。所有的切割都是由数字化控制，以获得较高的公差，从中心点的15μm公差到任何一处的2mm公差。两个直径均为4.64m的轮轴也是钢铸件。每一个都有两层：大的是附着32根轮辐缆索的圆法兰盘，较小的是附着8根转动缆索的小面圆盘。摩天轮的荷载通过每个轮轴里的一圈球形不锈钢钢辊轴承传递到中心轴。全部的轮轴和中心轴共重355t，比波音747－400客机略轻些。

摩天轮由管状钢材的金字塔形建筑物支撑。每个锥形支柱大约58m长，距离中心3m，由40mm厚的没有支肋的钢板构成。铰接的铸钢节点将金字塔形建筑物连接到中心轴。在地平面上，支柱铰接在有45根桩，由2600t重的钢筋混凝土形成的压缩基础上，而桩则延伸到伦敦地下33m深处。轮子通过从中心轴到有较小后拉力的钢筋混凝土基础的4根拉索固定，而这个基础支撑在12个桩基上。两个基础通过两个笨重的地下钢筋混凝土梁连接在一起，使它们成为一个独立的单元。

锁定的一圈镀锌钢缆索的变化范围：从直径60mm用于旋转作用的缆索到直径110mm用于起后部支撑作用的支索。每一根缆索由绳捻

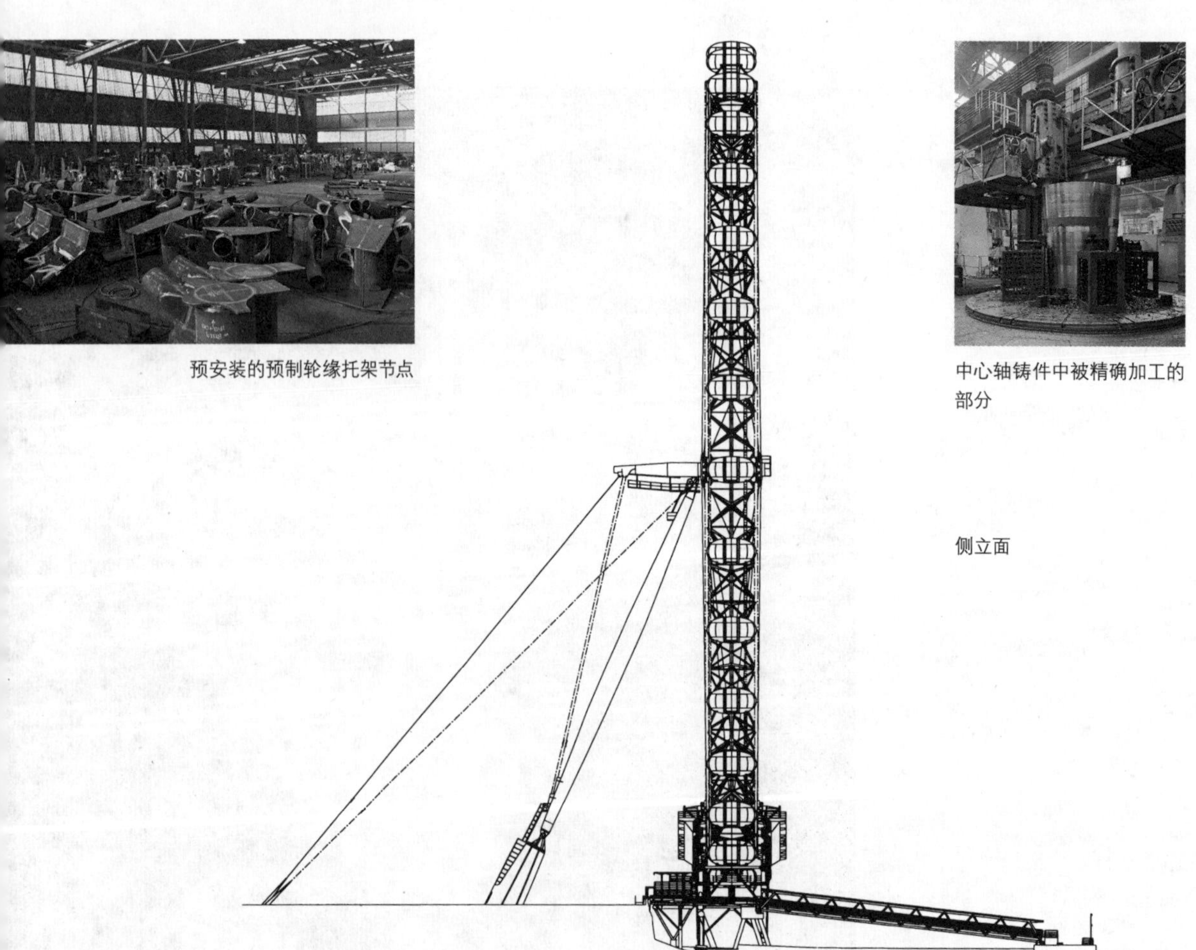

预安装的预制轮缘托架节点

中心轴铸件中被精确加工的部分

侧立面

在较低水平面上的控制塔可以指导和为摩天轮提供转动动力

成，绳子围绕着管束的中心，并呈S形逐渐朝向周边。为了阻止由雨水或者小河流水造成的奇怪振动，在外层所选择的绳子要比螺旋形的凹槽细长一些。因为缆索，摩天轮的功能就像弹簧上的砝码，而且由风振动导致的潜在移动也被安装在轮缘周围的64个调质阻尼器所抵消。

对于成形的玻璃封壳，从空气动力学上来说，每个都有25个人的承载力。封壳由一个钢制底盘支撑，而这个钢制底盘旋转在两个从轮缘上伸出的钢环悬臂上。整个玻璃封壳则旋转在由马达驱动的支架和小齿轮上，而不是依靠重力作用，以致当摩天轮转动的时候，玻璃壳内的地板保持水平。完全光滑的外壳是清晰的薄层玻璃，这种玻璃是双层弯曲的，可使玻璃封

为玻璃封壳装配的底盘和圆形轴承

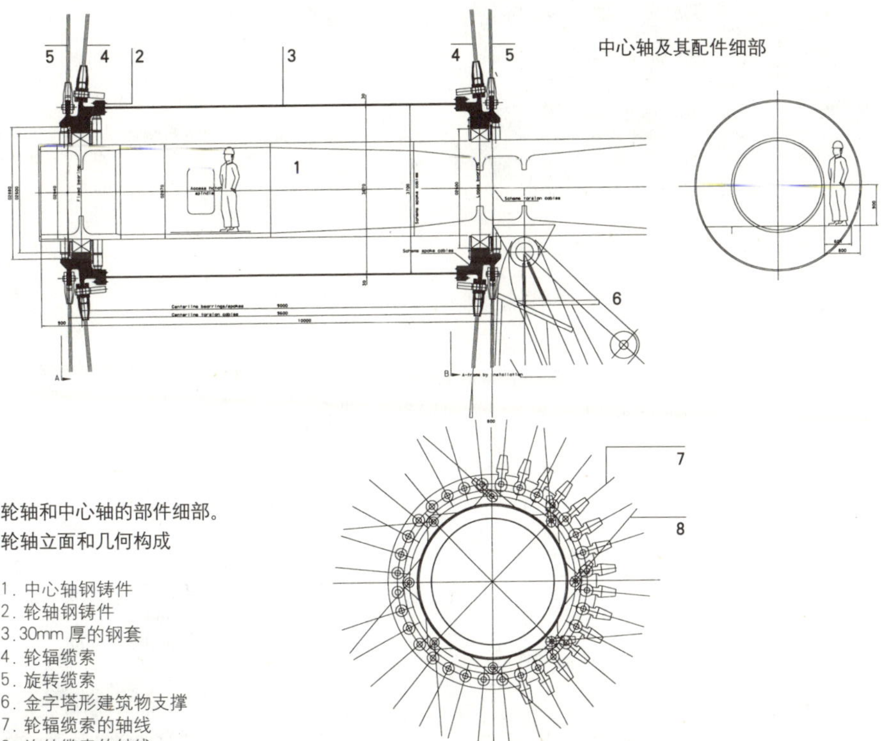

中心轴及其配件细部

轮轴和中心轴的部件细部。
轮轴立面和几何构成

1. 中心轴钢铸件
2. 轮轴钢铸件
3. 30mm 厚的钢套
4. 轮辐缆索
5. 旋转缆索
6. 金字塔形建筑物支撑
7. 轮辐缆索的轴线
8. 旋转缆索的轴线

壳保持较高的视觉品质。玻璃封壳被精心保养，包括全面的气候控制。正如在荷载平台上的测量一样，当摩天轮以每秒 0.26m 的速度旋转时，玻璃封壳可以跟随摩天轮自动进入和退出。

“伦敦眼”应该被垂直建造的，但是在设计进程中，设计者决定使其跨过河流水平地装配，以控制容差，并提供充分的工作控制条件和精确的建筑程序。所有的组件被载运到下游的支撑点，建造次序严格与潮汐合拍，同时用驳船将构件递送到相应的位置。轮缘的 3/4 漂浮在暂时的支撑结构和焊接位置上。工人们仔细地固定好轮轴、中心轴和金字塔型建筑物支肋，紧接着固定轮缘最后的 1/4。轮辐和旋转缆索首先被固定在轮轴，然后是轮缘上，接下来逐渐拉紧，使它们协调地结合在一起，以阻止轮缘的扭曲变形。

轮子被大量可调高架移动起重机吊升——甚至将最大的构件从水平升高到垂直面上。为了在升高的过程中固定好轮缘和轮轴，工人们在轮缘到心轴的后跨上附着了暂时性的辅助缆索。在第一次升高尝试中，其中几个缆索松开了，这就要求工人们重新在轮缘上设计并固定。第二次尝试是成功的，从岸边的停泊处就开始转动摩天轮，每两天转动 66°，最终形成良好的公共景观视野。接下来是将塔固定约束在较低的水平面上，这个较低的水平面提供转动轮缘的动力。工人们推动着摩天轮的底部越过河流，并安放“伦敦眼”到它最后的垂直位置。在工人们稳固好拉缆后，需

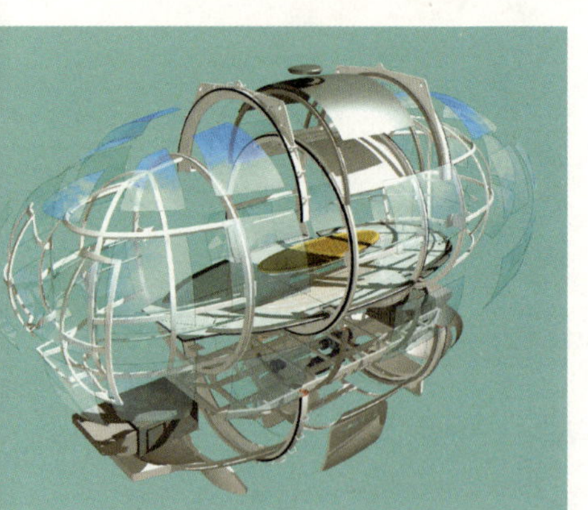

钢结构和玻璃封壳的光滑镀层成分

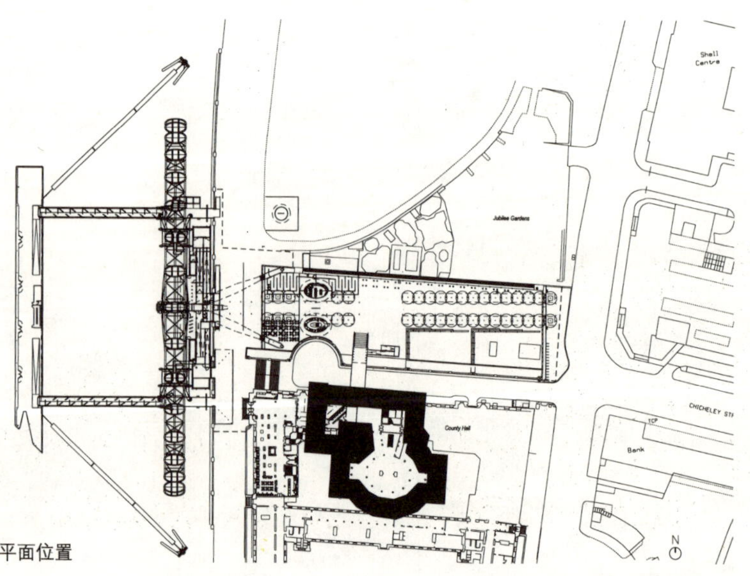

平面位置

要在8天时间里固定玻璃封壳和调质阻尼器。同时设计轮缘的时候要考虑在平面之外的100mm误差，轮缘被建造的时候要考虑它能最大移出直线40mm，按自行车车轮尺度来说，即移出尺度少于自行车车轮尺度的1/3。

“伦敦眼”把钢和玻璃推到一个新的极限点。它的设计和建造要求思想的创新以及复杂的计算机分析，同时加强了整个欧洲范围内的建筑师、工程师和受过良好技能培训的工人之间的协作。它是一个显著的成就，抓住了公众的想像力，并因此变为伦敦的一个符号。从议会大厦俯瞰，“伦敦眼”挑战着公共纪念碑的庄严，人们无论是在经历旋转过程，还是从城市较远的角落不经意一瞥，都可以从这个建筑感受到一种愉悦。

业主：“伦敦眼”有限公司
(David Marks,Julia Barfield/ 英国航空公司 / 杜莎集团合资公司)
地点：英国伦敦
建筑师：Marks Barfield 建筑事务所
结构策划：Arup
舱体设计：Nic Bailey
环境设计：Loren Butt 咨询公司
景观建筑：Edward Hutchinson 景观建筑事务所
审核工程师：Babtie Allott 和 Lomax
结构、市政、海运及机械工程师：Atelier One,Beckett Rankine 合伙公司 ,Dewhurst Macfarlane 及其合伙人 ,Infragroep,Arup, Sigma Plastique,Tony Gee 及其合伙人
施工经理：Mace
中标转包商：
主要钢构件：Hollandia,Mercon,Skoda 钢铁 ,Mannesman, Tensotecci
舱体：Poma,Sigma,Semer,Sunglass
舱体玻璃屋顶：Glavebel
土木工程师：Tilbury Douglas 施工公司，Chart 工程，Houlder Offshore 工程
设备：T Clark,DAL
登轮平台：Littlehampton 焊接

从在岸上的停泊处到最后的垂直位置，摩天轮显著升高

伦敦千禧桥（2001 年）

千禧桥在泰晤士河的北岸和南岸之间，满足了大量行人通行的需求

千禧桥，是在一个公开国际竞赛中获胜的方案，是福斯特建筑事务所与雕塑家安东尼·卡罗以及 Arup 公司的合作作品。千禧桥是一个世纪以来第一座横跨泰晤士河的桥梁，并且是伦敦惟一一座专为步行者服务的中心桥，起着联系中心城市和北部的圣保罗大教堂，以及南部的泰特现代艺术馆、河岸区和萨瑟克区的关键作用。除了发挥它的基础设施功能以外，设计者还将它设计成为行人提供一种对城市的全新体验的桥梁。行人步行通过该桥时，会有一种在空中的感觉，这种壮观的感觉是通过两个几何形体的艺术性设计实现的：支撑结构和步行平台。

在结构上，千禧桥是一个用两个桥墩支撑中央跨度 144m 的吊桥。纤长、拉紧的桥身长度为 340m，行人步行平台宽度 4m。在桥的每一边，都有从桥墩冒出的 V 形臂状物支撑着直径 120mm 的缆索。每隔 8m 就有一个夹在缆索上的横向臂状物支撑着步行平台，该平台从桥墩处到中心仅仅升起了 300mm，形成一个扁平的拱。支撑缆索从桥墩到跨度中心轻微地下降了 2.3m。在桥墩处，V 形臂状物将缆索支撑到它们上方 3m 处最高的位置，伸出平台 7m，只是普通吊桥支撑结构高度的 1/10。同时考虑到城市与河流连续的全景景观，设计者将双向凹入的缆索和平台拱交叉，以致在桥的每个端点和中心，缆索都处于下方并与行人平台接近。横向臂肢将这两个几何形体联合起来，横向臂肢

平面和立面

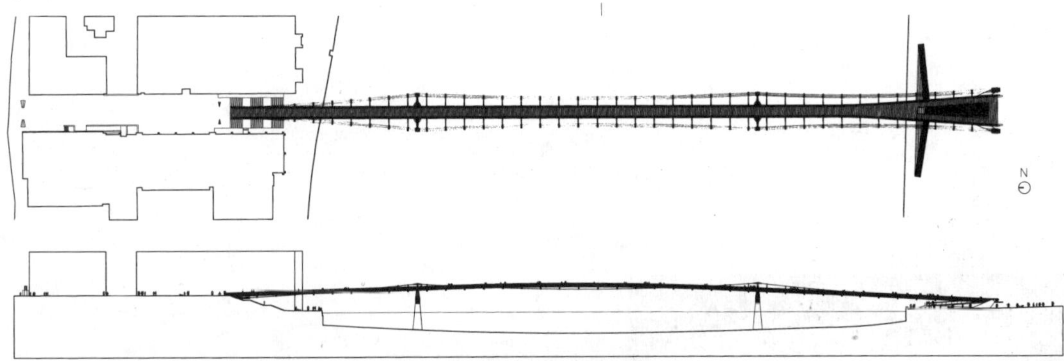

支撑缆索和步行平台的交叉处

较短，并可以在桥的中心向下转动。它们在两个拱的交叉点处延长变平，将到达桥墩时突然翻起并伸出。

桥的两端是各不相同的，设计者将两端分别设计，用以反映泰晤士河岸边特定的城市背景。在北端，桥的入口是径直的，由圣保罗大教堂到河岸现存道路被定义为桥的轴线，这条轴线是一条具有重要意义的现存道路。在南岸，泰特现代艺术馆稍微偏离轴线，主要是强调与沿着桥边缘的公共人行道的联结。此时，桥被分开以容纳一个中心斜坡，该斜坡向下延伸并转向成为平行于河流的道路，用以指导上游和下游的行人。

设计者细心地调整桥的位置，并不间断地

千禧桥的每端均适应岸边不同的城市背景

步行平台剖面

1. 直径 320mm 的钢管
2. 覆有板条的铝制平台
3. 灯光
4. 不锈钢栏杆

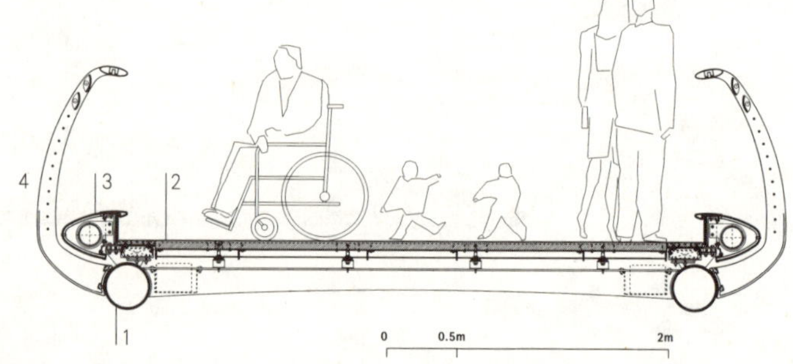

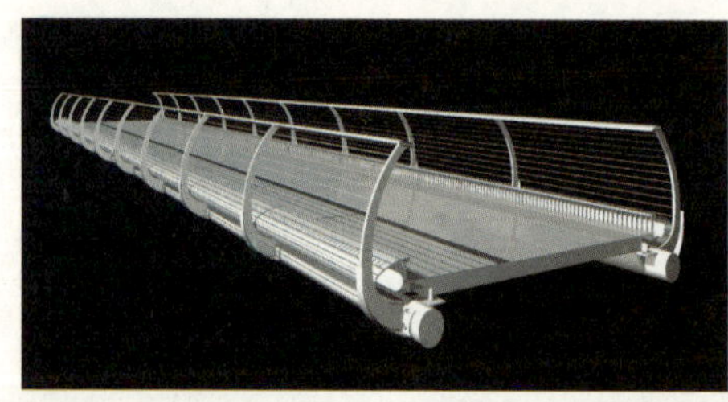

结构、灯光和栏杆被精心设计，使得步行平台看上去很纤细并且很明亮

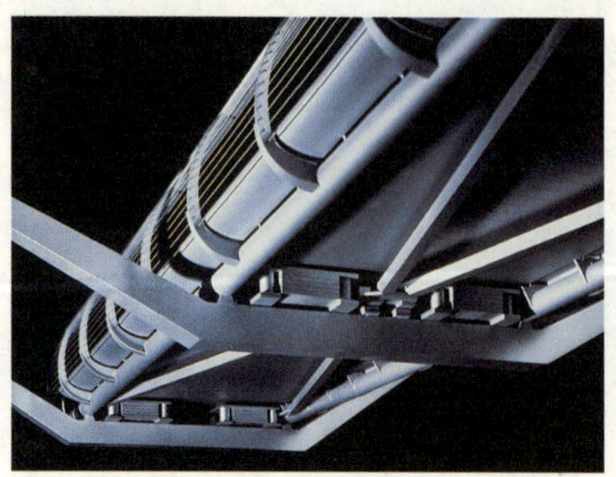

在桥下侧交叉的斜向阻尼器减轻了由于行人走动而引起的同步侧移

转换桥的端面，这种手法赋予千禧桥一种有机特征——“可呼吸的桥”，以适应天气的变化以及日常季节性的周期，这种特征又通过悬浮结构给以强调。当在建造过程中以及完工之前决定缆索张力时，赋予该桥这个特征是有一定挑战性的。工人们通过限制入口位置调整建造过程——事实上，那里没有到北岸的车辆入口——由于飞快流动的潮汐，船舶交通不得不保持连续。因为缆索的轻微倾斜，每一个桥墩承载 2000t（2000000kg）的荷载力。在北岸有 12 个钻孔堆而在南岸有 16 个，每一个钻孔均是直径 2.1m，深度 25m。它们支撑着北部和南部的桥墩柱头和 3m 厚的钢筋混凝土路面，路面尺寸大小等同于两个网球场，能承受悬索的拉力。

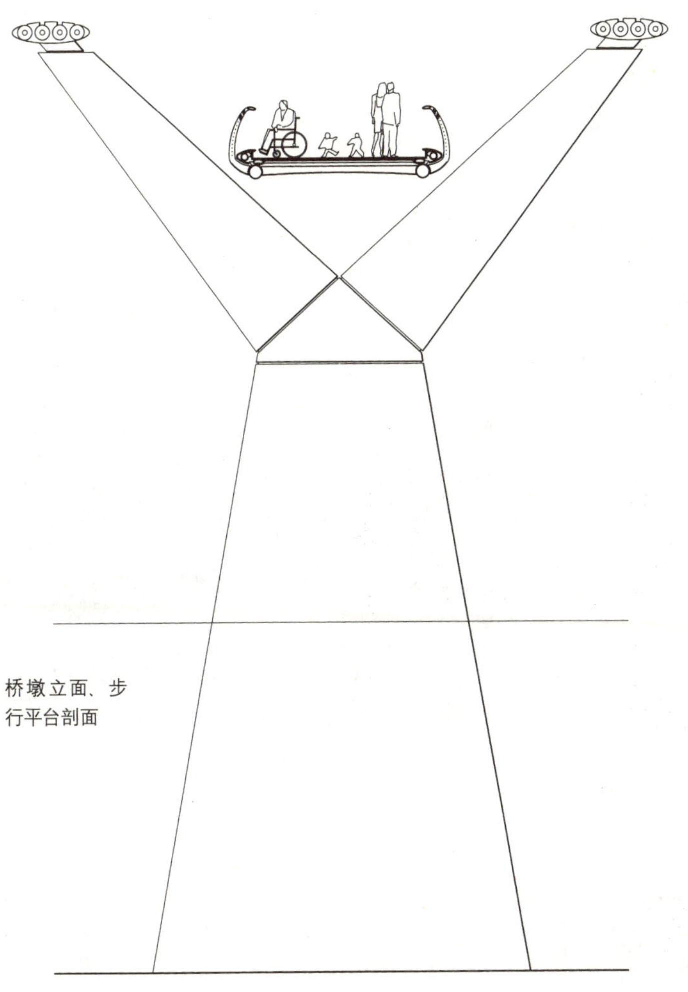
桥墩立面、步行平台剖面

工人们正在混凝土桥柱上装配 V 形钢支撑

截面由横向臂肢和被升高到适当位置的步行平台组成

这个体积 10000m^3 的混凝土路面，在连续 10h 的灌筑内形成，从而创造了没有接缝的支撑结构。在北岸，桥墩内的缆索锚柱是 100mm 厚的钢板；在南岸，筑堤上的支柱和栓的锚固表现为钢筋混凝土“翅膀”。

当建造桥的支座时，工人们为了以后钢筋混凝土桥墩的建造，在河中建造了围堰。每个锥形的椭圆桥墩均为 14m 长，底部宽 9m，并支撑在两个直径 6m、深 25m 的混凝土沉箱上。桥墩的预制 V 形臂肢由 60mm 厚的钢板装配起来，并被焊接在加强肋的支架上。工人们将臂肢运到河边，然后用驳船运载的起重机升高到合适的位置，并栓接在装饰钢柱上，这些钢柱一直延伸到距离中心 4m 处的混凝土桥墩。工人们将 A 形框架建立在已建成的桥墩顶部上，然后用它们来支撑临时性的、同等高度的缆索，就是这些缆索拉动着整个大桥从南岸到北岸越过河流。为了取得当初构思的几何形体，缆索承受的应力稍微过度，所以需要依靠横向承重臂肢与步行平台的重量来解决设计中的曲率问题。

横向臂肢具有由 20mm 厚的钢板预制而成的锥形截面，最大截面尺寸是 450mm×450mm，它被固定在处于拱的较低位置的缆索顶部和处于较高位置的缆索下侧。首先预制长度为 16m 的步行平台，然后用起重机将装配好的构件起吊到合适的位置。在平台每个长边上均有一根直径 320mm 的钢管负载覆有铝板条的步行平面、平台灯以及不锈钢栏杆。

工人们正在现场建造步行平台和栏杆的实体模型

在跨度中心，缆索处于步行平台之下

从附近道路以及铁路大桥看，极其简单的结构是相当引人注意的

2000年7月，当桥开始开放的时候，在第一个周末有10万人来参观。然而因为桥的侧移超出预料值，所以不得不被关闭。ARUP公司在国际工程师团队的协助下进行了大量的研究和试验，结果显示移动是由于大量行人的同时走动导致的，这个现象也在其他桥上发生过，都没有很好地在相关证明文件或者管理桥的设计法规中说明。设计者安装了阻尼装置来减轻移动，千禧桥在2002年2月又重新开放。

桥的形式通过几何形体进行精细处理，其效果与它的尺寸很不相称。尽管显得纤细与轻巧（特别是与附近公路和铁路桥毗连的地方），但其影响是巨大的。这项革新工程有助于设计者理解以前没有意识到的行人桥现象——这种现象已经在世界范围内桥梁建设法规的改变。千禧桥通过对伦敦地貌的改变也促进了城市的再生，创造了一种新型的步行关系，给城市带来了全新的生命力。

千禧桥创造了一种在空中的感觉，可以容许大量的行人在上行走并畅通无阻地欣赏城市景观

业主：千禧桥信托与萨瑟克伦敦自治区（Millennium Bridge Trust and London Borough of Southwark）
设计者：福斯特建筑事务所，Anthony Caro 爵士以及 Arup
地点：英国
结构与机械工程师：Arup
照明：Claude Engle 与 Arup
雕塑：Anthony Caro 爵士
改善工程承包商：Balfour Beatty
主要工程承包商：Monberg Thorsen/ Robert McAlpine 爵士
改造工程承包商：英国 Cleveland Bridge 公司

格拉斯哥塔（2001 年）

从克莱德河（River Clyde）南岸的观测塔上，可以看到格拉斯哥原来工业港区的全景，以及城市内外的全部概貌。最初是理查德·霍登为中心的一个场地设计的方案，该方案在 1992 年的国际公开赛上获了奖。然而这个项目后来被取消了；在 1994 年英国为格拉斯哥新科学中心项目举行的设计方案竞赛中，英国 Building Design Partnership（BDP）建筑事务所最终胜出——保证了前期设计方案和大部分完整的分部设计。一旦与科学展览合为一体，该塔即可将空气动力学原则进行壮观的科学技术展示。

最初的设计要求是将其建成一个用很细的塔支撑的距地面 100m 高的供公众观景的舱式建筑。为了减少由强风引起的感应运动，整个建筑的结构被安置在一个可以转动的转台上，如此它就可以像船帆一样迎风转动 360°。这种旋转，连同上部结构一起旋转，可以使加在建筑上的风荷载变为原来的 10%。故依次使得基础与高度之比由原来典型的大约 1∶6 增加到 1∶10，使得结构在外观上更加真实和明显细长。

设计者将塔设计得可以控制风速，以使它达到一个稳定的结构。空气动力学部分的设计靠计算流体动力学软件的支持，并在静态、动态的情况下作风洞试验。塔的基本钢结构由一个楼梯井和两个外伸支架组成的三角架构成。由管状结构形成的楼梯井被水平扭转的拉条分成三角形，并且连接在垂直间距 6m 的水平支柱与对角线 K 形支撑上，而两个沿墙电梯则被

固定在楼梯井后面的立柱上。在较低的水平面上，定形的泪珠状楼梯前端用铝合金面板包覆装饰，起着类似机翼一样的作用。锥形舷外支架被做成可以像机翼那样控制气流。它们是由从底部30mm到顶部10mm的厚度不等的钢板（而非铝合金）制成的，用螺栓固定在具有特定断面形状的钢肋骨上。内部弯曲和外部平坦的舷外支架将塔身外面狂暴的涡旋向后推，以减小建筑的摆动。锥形支架减轻了悬挑结构的重量，它们还体现了适应塔顶较大风速的较少的“机翼”需要。在背面，一个带有弯曲铝片的钢管镀层起着类似风筝尾部或者船舵一样的作用，以减少由空气动力产生的摆动并平衡结构。塔的电梯中心比塔的旋转中心靠前，以便塔的驱动与附近的风一致。在没有电或者拉闸减慢的情况下，塔依然可以减少风载的40%左右。

在塔的基础位置，支架轻微地张开以适应10.6m的承压环，这个承压环支撑在由齿轮和滚轴带动的悬吊系统上。400mm厚的钢板由带轮缘的车床精密加工，通过提供结构旋转的机械装置的滚轮支撑。塔由四个6kW的电动机提供动力，带动齿轮并依次拉动固定在下面承压环上的齿轮车。因为风有助于塔的旋转，所以对电的需求较少。靠近塔基和塔顶的传感器每秒监控风向、风速和计算平均值，它们每隔20分钟就会发出信号通知电动机以每分钟18°的速率带动塔身面对平均风向。

24个滚轮每一个均是直径700mm、深度

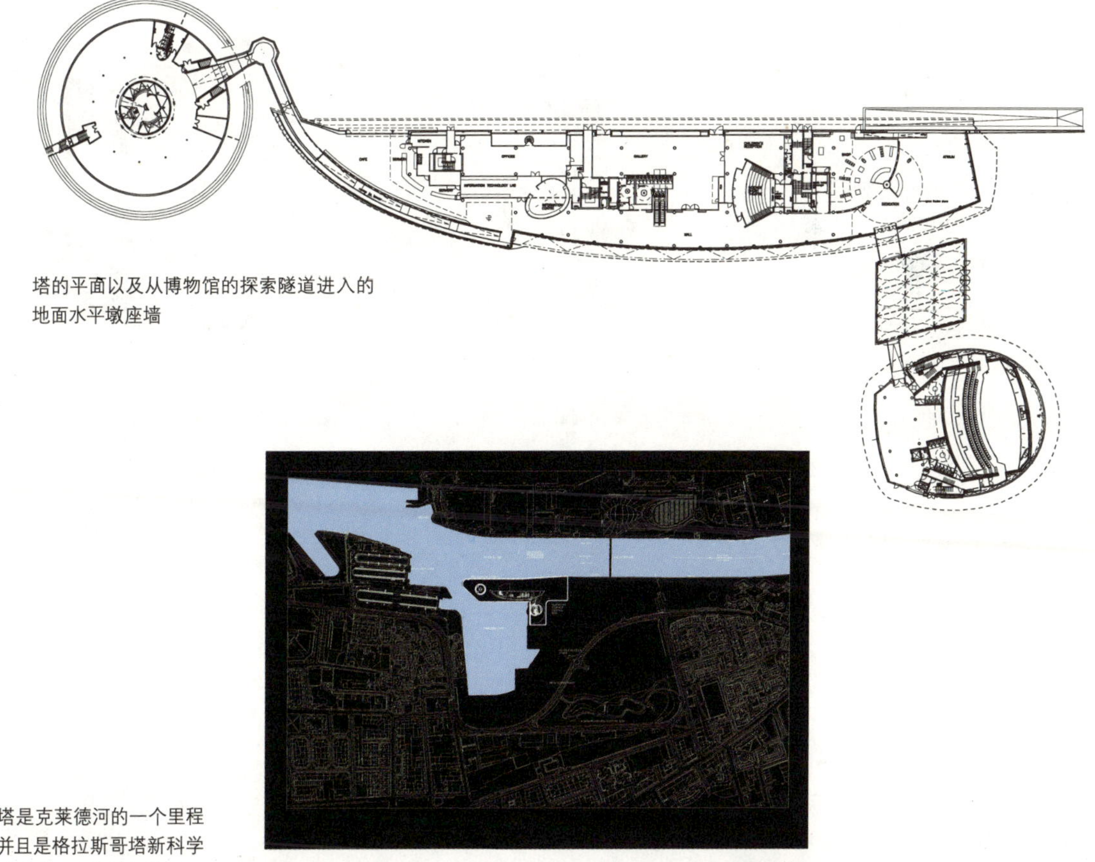

塔的平面以及从博物馆的探索隧道进入的地面水平墩座墙

这个塔是克莱德河的一个里程碑，并且是格拉斯哥塔新科学中心建筑的一个完整部分

平面位置

200mm，被安置固定在环形混凝土梁的车架上。一端具有轴承，另一端具有三层橡胶弹簧的车架把 200t 巨大的推力负荷和 650t 的侧压力负荷均匀地分散到周围的混凝土梁中。承压环被安置在墩座墙的顶部，一个圆形的围栏场地被作为展览厅，同时也放置公众喜爱的东西。倾斜的铁柱除了提供允许公众进入电梯的空间之外，还把侧面的压力负荷直接传送到 12m 直径的钢筋混凝土箱型基础上。

由楼梯直井和悬挑支架产生的竖向荷载通过承压环和斜度传入到箱型基础底部以下 15m 深度的（伞齿轮的）齿根锥。随着齿根锥直径的逐渐变小，钢板的厚度越来越大。底部是一个 3m、有着坚固基础的铸件，机械工通过加工此铸件来安装直径 300mm 的不锈钢推力轴承和滚柱轴承：不锈钢推力轴承承担 550t 的全部垂直荷载，滚柱轴承用来承担倾覆力矩的 650t 水平负载。（伞齿轮的）齿根锥不均匀地逐渐变细以使轴承中心与电梯中心符合，比旋转中心稍微向前一些。

振动产生于风速和风向的变化。设计组为观景舱采用了 ±20mm 的误差标准，这与地铁运动的情况相似。栓接固定的上部结构、悬挑系统的弹力以及处于根部空间的淤积土壤所造成的阻尼将振动情况减弱。

（伞齿轮的）齿根锥与铸件均在苏格兰制造，塔的上部结构是在华沙附近生产制造的。塔的全部组装则是在原先用于建造潜水艇的工棚内

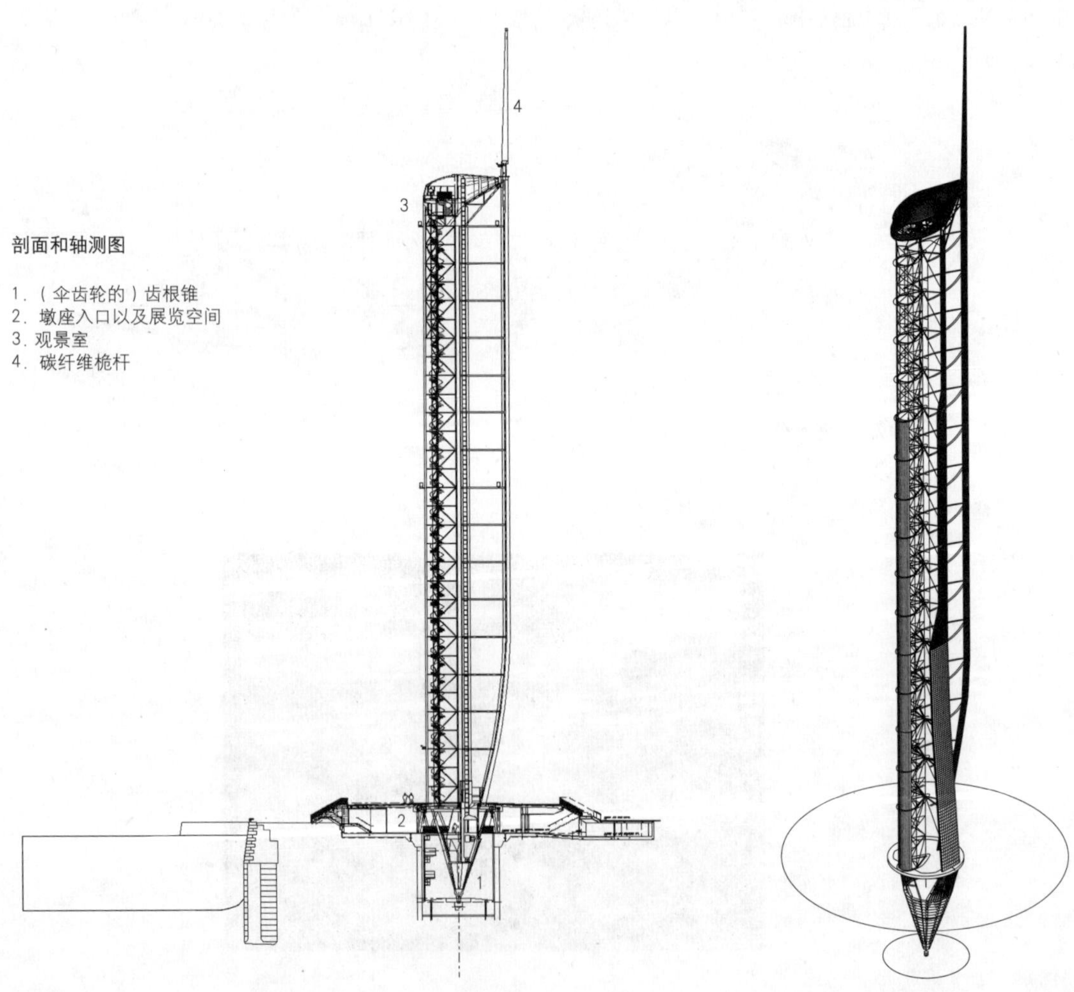

剖面和轴测图

1.（伞齿轮的）齿根锥
2. 墩座入口以及展览空间
3. 观景室
4. 碳纤维桅杆

完成的。然后它被拆除并且运送到格拉斯哥，在那里，用1000t的吊车将6m高的组件吊装到合适的位置。塔顶放置一个小的、轻质GPR（玻璃纤维增强塑料）的观景室和一个25m高的碳纤维桅杆。

从码头周围进入花岗石装饰的墩座墙，同时从邻近钛合金装饰面的科学馆里的“发现隧道”进入主要入口。参观者从塔底部的大型展厅走过跨越底层空间的纤细钢桥，再通过两部客梯到达顶部。这样可以让民众近距离地看到（伞齿轮的）齿根锥和承压轴，并且能够理解塔被一个神奇的单个支撑点支撑着的原因。电梯上升非常缓慢，可以容纳24位参观者，在电梯上升过程中，参观者可以欣赏到优美的景色，

倾斜钢柱将侧向荷载传递到混凝土沉箱基础

钢轴承套圈和滚轴将推力和侧向荷载转移到混凝土环状梁，并为塔提供旋转动力

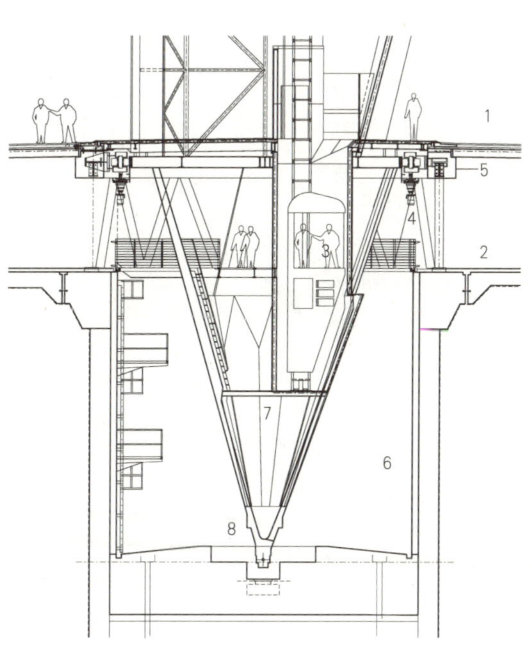

齿根锥的细部

1. 墩座到达屋顶的入口
2. 入口／展览空间
3. 公共电梯
4. 轴承环
5. 混凝土环梁
6. 钢筋混凝土沉箱
7. 齿根锥
8. 支撑／滚柱轴承

在竖立过程中塔的前端、锥形舷外支架以及尾部

华沙附近海底作业中塔的制作

直至观景舱。事实上，参观者在塔不旋转的时候也能欣赏到城市的全景，但是不如这种方式的景色优美。格拉斯哥塔是世界上惟一一个完全从底部开始旋转的建筑。通过探测风对高层建筑的影响效果如何减轻，它也完成了从传统的静态建筑学到动态建筑学的转变，为科技中心的教育使命作出了重要的贡献。

塔平面

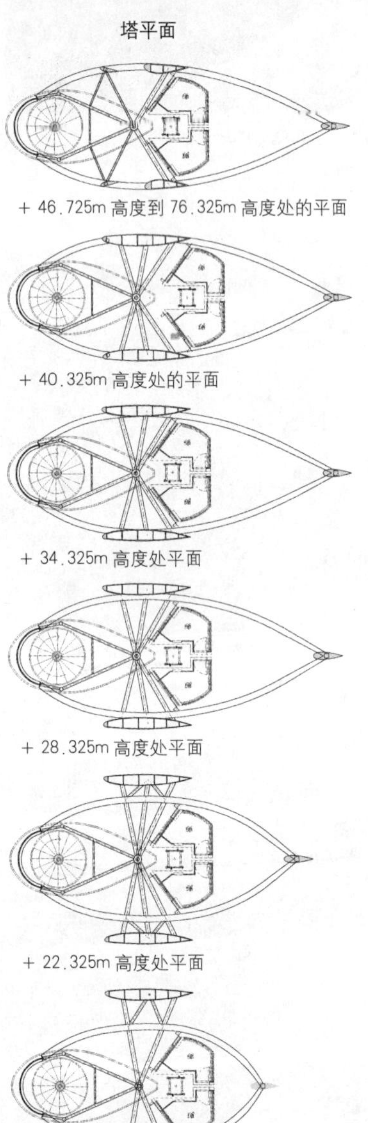

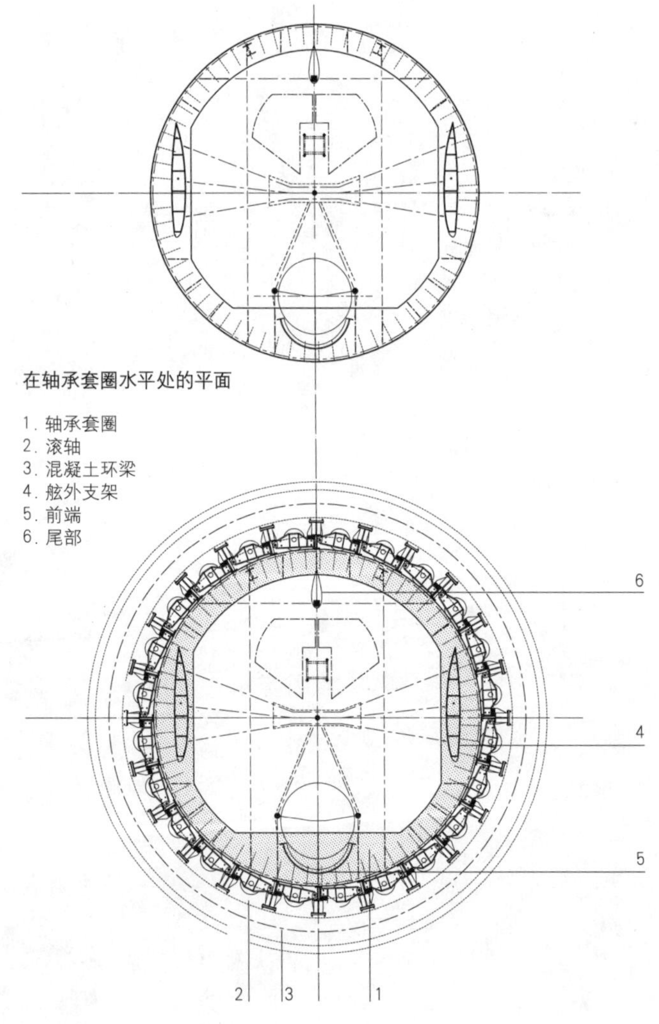

在轴承套圈水平处的平面

1. 轴承套圈
2. 滚轴
3. 混凝土环梁
4. 舷外支架
5. 前端
6. 尾部

从底部完全旋转的塔是空气动力学原理的有利证明

概念建筑师：Richard Horden 联合事务所
设计开发、细部以及结构建筑师：
建筑设计协作，格拉斯哥
地点：苏格兰格拉斯哥
工程师：Peter Heppel（空气动力学）和 Buro Happold（结构与机械）
承包经理：Carillion PLC
上部构造：英国 Mero
锥形基础及机械化：Caley 海洋系统有限公司（Caley Ocean Systems Ltd.）
塔覆层：George Gilmour
风通道测试：BMT 液体力学有限公司（BMT Fluid Mechanics Ltd.）

盖茨黑德千禧桥（2001 年）

新建的盖茨黑德千禧桥标志着泰恩河(River Tyne)从工业水路到文化中心的转变。它是位于南岸盖茨黑德新音乐中心、艺术博物馆和娱乐综合性建筑之间的主要联系纽带，并且是北岸纽卡斯尔城市的中心。它连接着一系列建于150年前的著名道路、铁路和桥梁。因为河流峭壁的险峻状况，这些桥清除了历史上基于码头工业而创造的河流交通，并且在盖茨黑德和纽卡斯尔之间提供了高低水平不同的联系。随着近几年河流交通量的下降，这些邻近的城市不得不重新思考定位这条河的功能。实际上，千禧桥完成了行车流通量的循环，这个循环是由1876年的上游地阿姆斯壮的悬摆桥与沿着北部和南部码头新开发的人行道形成的。更重要的是，正如盖茨黑德所设想的，它具有较浓郁的文化里程碑意义。

为了保持泰恩河原有的工业属性，在1996年举办的公开设计竞赛上，要求设计一个开放型的大桥。由威尔金森 · 艾尔建筑事务所和工程师吉福德及其合伙人提交的获胜方案是一个像眼睑一样闪烁开放的双抛物线拱。为了获得在水面之上4.6m的净空，并因为斜坡不能作为入口，需要用一个垂直交叉路口连接河流两边的通道斜坡。与此相反，大桥的曲面平台，即带有2.7m垂直拱的抛物线平面将变得更长，并因此能从码头平面径直升高到所要求的净空，所要求达到的净空位置处于跨度105m的中心。

被分开的桥上平台将步行道与车行道分开。

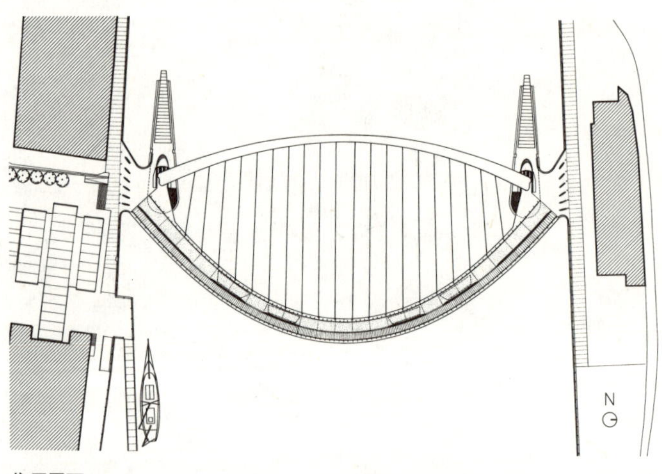

位置平面

平台、缆索以及拱的互相依赖的几何形体

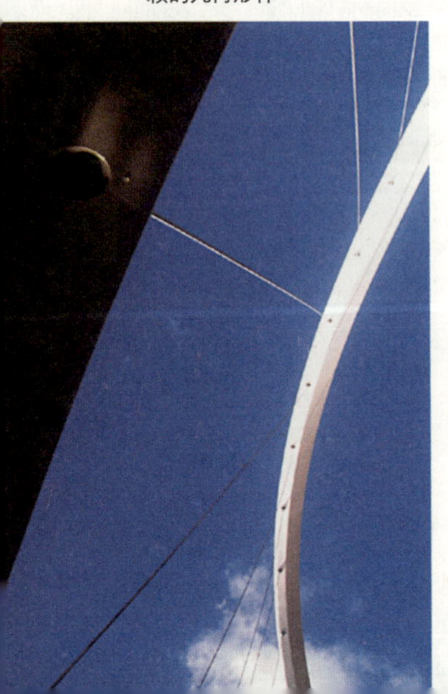

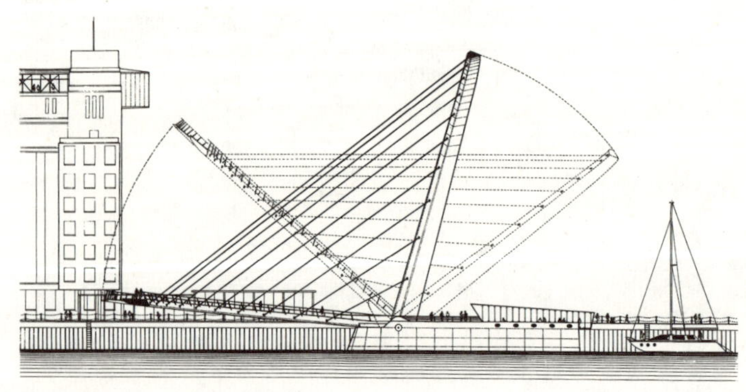
北部立面

工人们用悬浮起重机将预制桥升高，并运送了 6 英里到达其最终位置

工人将内侧的步行路支撑在翅膀形的断面上，该断面由厚度 25mm 的钢板预制而成。不断变化的、复杂弯曲的交叉断面从码头位置的 4.5m 宽逐渐变细到中心位置的 3.2m 宽，并于中心位置被 1500mm 厚的挡板加固。距离中心 500mm 的位置连续的纵向肢肋通过肋拱上的 V 形槽口。横向支肋和纵向支肋的分离，能使移动的结构与动力抗衡，这一点是桥梁的典型设计。

外循环道被逐渐变细的 I 形截面悬臂支架支撑在距离中心 3m 处，并被焊接到箱形梁下侧。桥面平台成梯级状，以致步行道上 1100mm 高的栏杆顶部与车行道上 1400mm 高的栏杆顶部处在同一水平高度上。尽管建筑师最初考虑过玻璃栏杆，但风洞测试显示现在这种栏杆能减少振动。结果，外部边缘上的栏杆选用可锻钢和不锈钢装配。在步行和行车区域，设计者利用一个弯曲的穿孔不锈钢作为“障碍物”，提供了一面防风墙，为了协调甲板和底座之间的步幅，这面防风墙不时被打断。从底座向上游可以看到这座历史上著名的大桥以及两岸的城市。除了这两组栏杆顶部处于同一水平高度，这两个区域也被进一步区分，因为行人桥面是不透明的，行车桥面是覆有铝板条的光滑平面。

桥面平台仅仅通过沿着它内部边缘的 18 个螺旋形直立钢缆索支撑，设计者将这些缆索连接在附属的完全焊接的抛物线拱上，抛物线拱从平台处的 110° 直到桥的封闭位置离开垂直面的 16.5°。升高 46m 的支撑拱的横截面是连续变

拱与混凝土沉箱基础连接处的不锈钢栓和铸件铰链

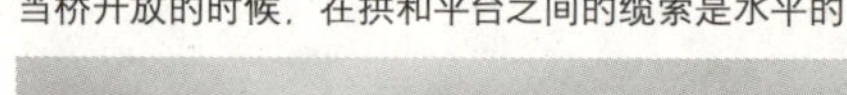

当桥开放的时候，在拱和平台之间的缆索是水平的

桥在到达安装位置的过程中旋转了 90°

化上升的，高度范围从在拱底部的 4m 到在顶点的 2.6m。圆形头的截面切割于直径 355mm 的钢管，顺着地形顺流而下，同时在尾部急剧地转成溯流而上。螺旋状轻帆的两边由厚度 15 ~ 25mm、S355 等级的钢板组成。类似桥面平台，拱在内部通过中心 600mm 的连续纵向板加固，这些板由 152mm × 229mm 的 T 形结构组成，并通过切割在环形肋骨上的槽口。尽管拱是密封结构，内部空心的铁制台阶还是提供了以后检验维修的入口。

直径 48mm 的缆索通过钉在板上的叉状铸件连接到上部的拱，而板则焊接在半球状的凹进处以便允许每一块板与不同角度的缆索对齐。在桥面位置，缆索可以在整个结构上被调整以保持正确的拉力，缆索连接的地方被储藏在箱形断面凹入处直径 219mm 的钢管内。半球体和管材均通过附属的辐射状刚性元件连接在内部加硬的肋骨上。这种将连接处隐藏的方式胜于显现出来的方式，因为隐藏连接处更强调了缆索的细长。

两个拱在桥的每个端点交叠，同时支撑拱直接瞄准在直径 3110mm 的钢鼓和由扭力装置连接的平台上。直径 830mm、通过鼓心的不锈钢钉被钢铸件固定在钢筋混凝土沉箱上，沉箱位于河流每个岸边的桩基础上。除了承受重力荷载以外，沉箱还能抵制拱的推力并向上游方向延伸将近 33m，以抵制结构的倾覆。从每个鼓状物延伸下来的钢浆连接到三个液压油缸

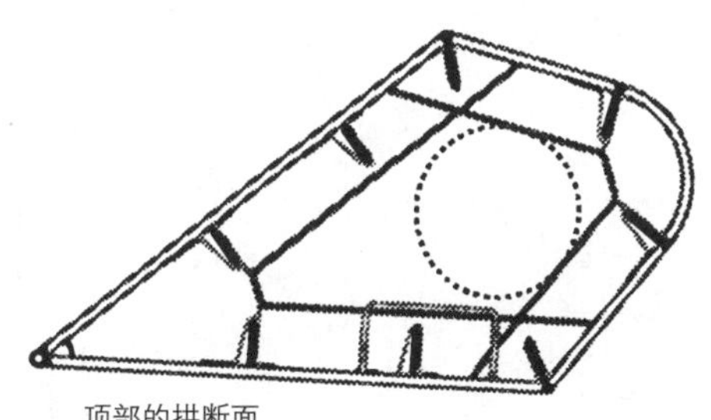

顶部的拱断面

复杂的焊接顺序要求预制过程中不断变化拱的几何形体

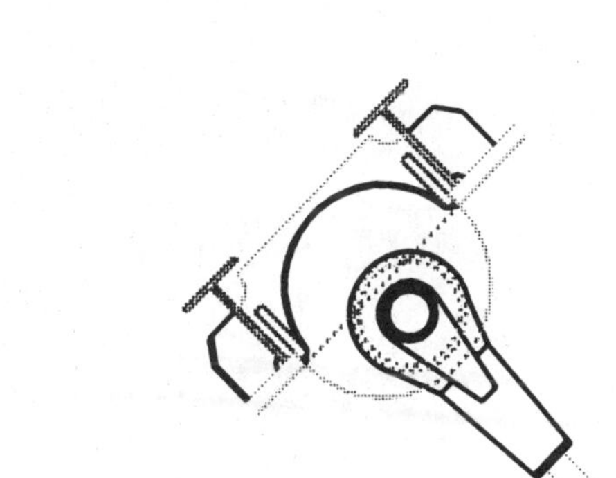

与拱连接的缆索是一个钉在板上的分叉铸件，同时板焊接在半球的凹进处

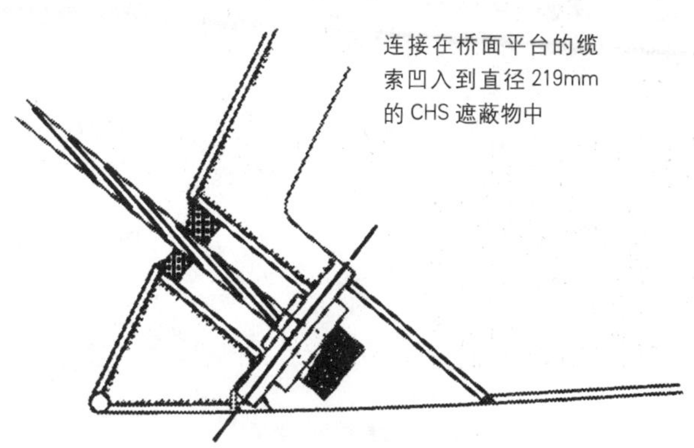

连接在桥面平台的缆索凹入到直径 219mm 的 CHS 遮蔽物中

上，液压油缸通过围绕一条水平轴旋转整个结构打开大桥。当大桥完全打开时，缆索是水平的，同时拱之间的钝角确保足够向下的力来保持它们的拉紧状态。另外还需要25m的垂直净距——同样的净距还提供给上游更大的道路和铁路桥。

尽管沃森钢（Watson Steel）适用于分段预制大桥并在河流上装配，但是出于构造安全性和航道所形成的长期干扰性的考虑，最终拟出了更加引人注目的建筑规划。预制部件被卡车运送到下游的一个装配场地，在那里，它们被喷砂清理并涂上临时涂层。9个拱部件在松弛的背面对接焊缝，这个背面从顶点和运转的位置开始一直到末端位置。同样，工人们将每个平台构件在现场用夹具排列成一行并焊接在一起。缆索附着在拱上，随后拱升高，缆索连接到桥面平台上并被拉紧。随着在拱和甲板之间末端连接的完成，以及对于天气和潮汐的仔细监控，整个结构由“亚洲第二大力士”（世界上最大的悬浮起重机之一）升高，并被向上游载运了6m，到达它最后的位置。一旦被吊起，大桥在被吊向最后位置的过程中不得不在河上旋转90°来避免很小的倾斜。仅一天时间就完成了大桥的运输和安置，这一点吸引了大量的观看

里程碑式的大桥为南岸的盖茨黑德和北岸的纽卡斯尔之间的重要文化设施提供了关键联系

者。在 105m 的跨度上仅仅有 3mm 的容差，看起来铰链好像毫不费力地滑动到浇铸在混凝土桥墩的带螺纹的螺钉铸件上。

在桥开放和关闭的时候，拱和平台的相互拉紧、依存给人的印象尤其深刻。它的动态特征通过计算机控制变化彩色灯光的程序得以强调，这个控制灯光的程序进一步强调了拱侧面的锐利与细长，以及覆有板条的平台的轻盈。显然，该桥复杂的几何形体与动态力量通过建筑工程上的无缝融合被简单地解决了，这既表示了对泰恩河工业历史的极大尊重，又象征了两个城市在生活中对艺术与文化的重视性。

具有河流交通功能的旋转桥在跨度中心距离河面 25m

人们可以从上游的历史上著名大桥背景中看到新桥

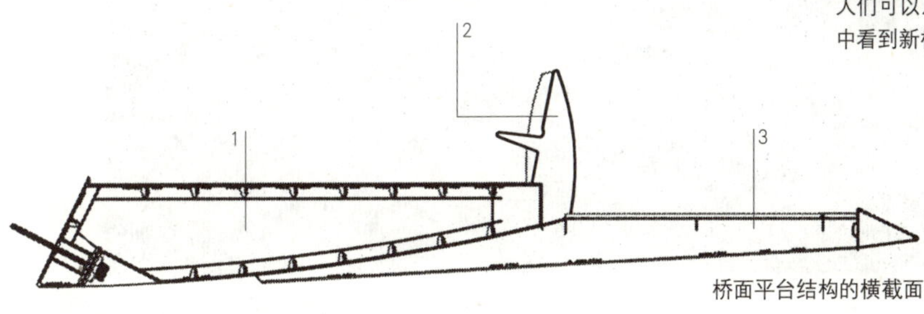

桥面平台结构的横截面

1. 行人平台的截面
2. 穿孔金属障碍物和底座的侧面
3. 支撑行车平台、具有逐渐变细的 I 形截面的悬臂支架

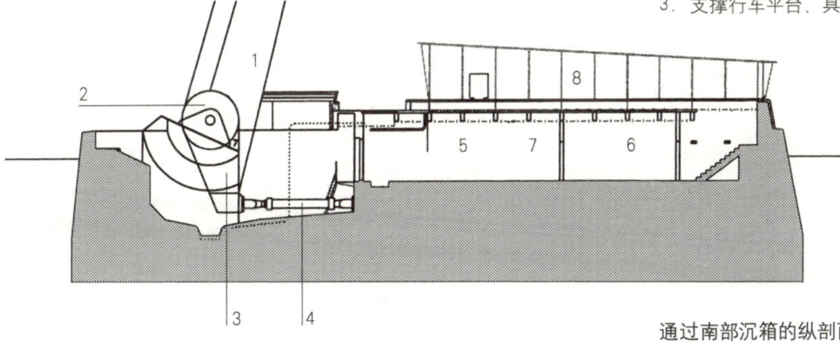

通过南部沉箱的纵剖面

1. 拱
2. 连接栓和鼓状物
3. 桨
4. 水压活塞
5. 水压设备室
6. 电设备室
7. 奢侈的平台铺板
8. 增建的玻璃建筑

业主：盖次黑德市级议会（Gateshead Metropolitan Borough Council）
地点：英格兰盖茨黑德
建筑师：Wilkinson Eyre 建筑事务所
结构工程师：Gifford 及其合伙人建筑事务所
照明顾问：Jonathan Speirs 及其联合事务所
主要承包商：Harbour&General/Volker Stevin
钢构件转包商：沃森钢铁有限公司
机械、电力及液压转包商：Kvaerner Markham

数学与材料

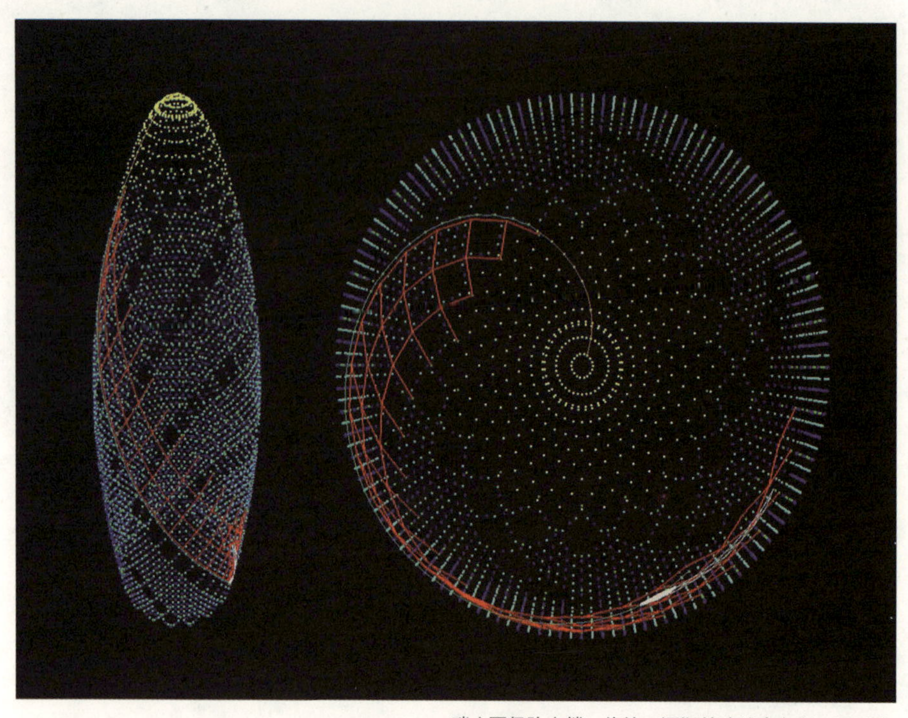

瑞士再保险大楼，伦敦，福斯特建筑事务所，2003 年
建筑形态以多种相关参数为基础，在几何形体的规则下被处理成型

计算机用数字形式控制在钢管一端的复杂切割面

英国博物馆，伦敦，福斯特建筑事务所，2000 年，节点的装配测试模型

设计与生产的数字化进程有两方面的潜能，不但能使标准化概念得以延伸，而且也使规模定制的经济化得以实施。这两种途径都在积极的研究之中。通过 CNC 生产过程使得经济化首先在钢铁工业中实现了，一个重要的举措是通过采用数传智能来推进钢铁的合理生产，在提高质量的同时也节约了成本。1988 年成立的来自 9 个欧洲国家的设计、制作、贸易和软件厂商组成的 CIMSTEEL 联盟，为欧洲共同市场开发了电子控制、设计标准化、计算和生产的系统。现在这个协会受英国钢铁工程协会的管理，并在 1998 年实现了一体化标准；这些标准受到欧洲新的建筑规则的支持，被设计成为大多数欧洲国家提供的统一的标准，但是现在仍与不同国家的多种规则共存。这些统一的标准得到美国钢铁工程学会的认可，并被美国钢铁工程学会积极推广。它们以一个电子处理的生产模型为代表——一个很容易被广阔的北美市场所乐意采用的管理生产主义，在那里，统一的建筑规则已经使用数十年，并且建筑正越来越多地由探索全球标准化产品的专业公司设计。

与这种单一化和标准化的推动力形成对比，数字化技术也使得复杂的事物变得更加经济化。困难的操作比如管状钢的终端切割——在 15 年前，工人费力地在包于管周围的纸板上做好样条曲线并采用人工切割——现在可以在无人控制的工场直接加工完成。在加工比较复杂的钢铁架的时候，熟练工人的工作内容已被全部缩减，并逐渐将精力集中到被 CNC 制成的组件的组装上。

然而，从数字化技术的应用到制作生产是这个过程的惟一部分。建筑形态和生产过程随着数字技术形态的变化出现戏剧性的变化。并不是仅仅使用计算机来加速数传的进程，建模软件发展允许建筑师和工程师主要用三维绘图，而非转换形态和空间到二维空间的表现模型中。同样地，他们不仅使用以多边形为基础的应用软件，还逐渐应用设计软件来模仿曲线表面和曲线形态。与电影业充分使用动画软件形成的丰富形态相反的是，以自然的或者建筑结构逻辑为基础的软件正在证明自己是更有效的。这些数据包中值得注意的是 CATIA——由航空工程师开发，可用于产生无固定形状的曲面，以及 Micro Station——为辅助机械工程师探究引擎区段的形状而设计，可以通过处理直线和圆周的交互作用来产生几何曲面。连同能处理任何实际形状的有限元素结构软件，这些数传工具正在打开建筑形态的新天地。

建筑师和工程师很早就了解了规范的价值。运用强有效的三维建模软件，建筑形态的定义变得和论述建筑规范相似。参数以及计划建造的平面、大小、关系和成分的结构能力，这些全部和数传技术相关。建筑形态在以这些属性为基础的规则内被巧妙处理，以至于在一个区域内的变更，要求所有区域都对这一变更有调整反映。很难用人工处理的数以千计的互相联系的属性，却能用数传工具非常巧妙地处理。现实情况越来越强有

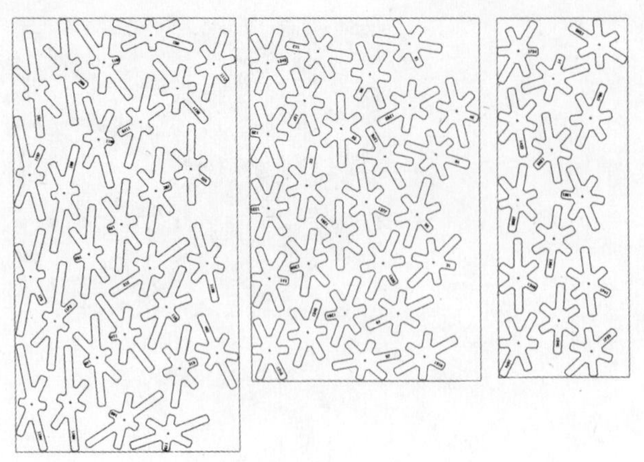

英国博物馆大展苑，伦敦，
福斯特建筑事务所，2000 年。
由计算机程序产生的最佳火焰切割节点排列布局图以及渐缩的箱型梁网状图

力地促进了参数设计策略的应用，在过去 10 年间，图标和分析引擎之间的界面已经变得更加容易操作。同样，通过在 CAD 和 CAM 之间建立直接的联系，在许多情况下，不再需要耗时费力地来画结构图并再把它们细化为施工图，而可以使用数传数据将设计者的意图直接用 CNC 工具制造出来，这使得生产独特的建筑构件与等同的构件变得一样简单。许多相当复杂的东西用最小花费建成的可能性增加了。正像威廉 · 米契尔所说，"从技术的观点上看，单纯和规律性几乎不再有任何关系。如果设计人员想要加强质量，那么他们只能在别的范围做。"[1]

神速的变化还在继续。奥地利制造商 Waagner Biro 用来设计结构用钢、坡道和德国帝国大厦玻璃穹顶的软件，由福斯特建筑事务所设计并于 1999 年完成，现在已经被他们的设计办公室中运行更快、操纵大型数据更自如的好几代软件所替代。在盖里设计的几个项目中生产和安装金属面板的 A.Zahner 公司注意到，原来他们在体验音乐博物馆的金属面板设计和生产过程当中应用的软件现在已经被淘汰了。对于那栋建筑来说，每 3600 块金属面板平均需要 250 兆字节的数据和 2.5 小时的设计时间。在后来的项目中，每块面板的设计被缩短到只需要平均 30 兆字节的数据和 15 分钟的设计时间。[2] 一如往常，建筑总是意味着花费时间。随着对流线形程序的仔细研讨，减少劳动时间的亨利 · 福特规则正在被积极应用到 CAD-CAM 技术人员自己的劳动内容当中。

具有经济价值的、商业上可利用的软件的广泛扩展，意味着数传工具不再仅仅局限于被那些大型的、有声望的公司办公室所使用。而且，一些设计者和生产商雇佣他们自己的编码人员和软件数学家升级并制定他们自己的数据包。并且当许多批评言论已经直接指向这个统一外表的数传设计产品的时候，建筑师和工程师还在逐渐熟练运用 CAD 来表达他们的设计意图，远远超过了软件本身层次的价值。福斯特建筑事务所的工作，例如，在综合体系之内探索完美方面可能被称为是一流的。办公室使用参数设计策略来发展逐渐复杂的几何学，除了英国博物馆，主要是欧几里得几何学，主要起源于圆、球体和圆锥。同样地，他们在建筑上的主要应用目的是找到平坦的面板来解决曲面问题。与此相反的是盖里建筑事务所更偏爱巴洛克式。如语源学——未完善之前——所建议，这一工作与无定形相联合，而不是与几何定义的曲线的形态和明显随意次序的系统相联合。直觉的完全体系是所有组成部分中的精髓。然而在这两者的全部作品中，非笛卡儿信徒的探索发现不管是几何学还是形态都受到数字的控制。

数学逐渐增加的重要作用依次在建筑设计和工程方面产生了新的、近乎外科手术需要的精度。例如，低层建筑的传统结构钢的误差为 ±5 ~ 10mm 的范围，以前在建筑材料中的标准中被认为是很精确的。但是计算机可以达到精确值

水塔广场，福斯特建筑事务所联合詹姆斯·卡彭特，2003 年。
为测试悬浮的中庭玻璃墙而建造的实物模型。试验结果表明，设计者将抗风支撑从一个钢制压支架变成在一个玻璃气缸里面放置的钢丝绳

的能力意味着现在利用材料的自身精度，可以将其生产和建设得仅有非常小的误差。这些精度是随着工场和施工现场测量方法的变化而逐渐增加的。每个成分的尺寸和空间位置能在数字模型中被设计得精确到小数而达到要求。执行图形几何学的工作软件将三维空间用数字定义的模型转换成二维的生产数据信息，这些信息可以精确地切割组件和每一个用来安装和渗透服务的钻孔，而且通过优化布置可以减少浪费。事实上在没有测量的情况下，这些通常是三维形态的成分用人工安装组合。在施工现场，激光测量和全球定位设备通过条形码和数传模型连接的应用，或者每个精确生产的全息摄影的应用，意味着误差的积累能被消除，并且结构钢的复杂形态可以在误差为 ±1mm 的要求下完成组装。

除了考虑到制造和材料组装的偏差之外，误差的观念在 20 世纪期间也是提供劳动区分与工会规定的偏差极限的本质。在北美，贸易之间的明显区分导致了宽松适宜、集中体现覆层组合的建筑，并隐藏了建筑中明显的钢骨构架。与此相反的是，欧洲的建筑师已经把中心集中到外在表现和结构、围护的整合上，这就需要建筑贸易之间紧密地合作。这种在不同建筑文化上的对比，通过体验音乐博物馆和英国博物馆的表皮和结构之间 100mm 球体容差来取得，在那里，钢结构和玻璃屋面被作为单个合同包出租，使各个构件紧密结合形成复杂的几何体和，该方案可以减少附属结构和消除误差层。在这两种建筑文化中，CAD-CAM 的结合正在改变着设计、生产商和承建商之间的关系。以前由于法律和契约协议而产生距离，但是今天他们联系得越来越紧密；建筑师或者向监理和承包商提供几何学的规则（然后承包商们从第一原则出发承建三维数学模型），或者作为选择，直接向这个建筑团队提供模型和数据，因此更能直接控制工场中发生的事情并对发生的事情负责。

尽管如此，数学的成功不是绝对的，对于数字控制的设计和制造一定要以对材料的理解为基础。这个因素，综合了设计和生产之间的紧密协作以及数字生产的相关案例，促进了实物大小模型和原型实物的使用。这种思想和手工之间逐渐缩小的差距得到了让·普鲁韦的赞赏，正像 Moshen Mostafavi 说的那样：“生产并不是活动链的最终结果，而是允许继续向前发展的工具。为了代替普遍导致建筑学和制造业分离的开放系统，普鲁韦提出了一个把建筑看成一个有机实体持有的并且被单一工业完成的封闭体系。在这方面，他正在追随其他人的步伐，尤其是沃尔特·格罗皮乌斯和康纳德·瓦克斯曼（Konrad Wachsman）……”[3] 这种指向研究设计和建设的形态的组合更新，是数传工具精炼出的最有前途的成果。

1. William J. Mitchell. “Roll Over Euclid: How Frank Gehry Designs and Builds,” *Frank Gehry, Architect* (New York: Solomon R. Guggenheim Museum, 2001) p. 359.
2. Interview with William Zahner, A. Zahner Company, 4 February 2002.
3. Moshen Mostafavi. “Performative Skin” *Exemplary Projects 3: Berlin Free University* (London: Architectural Association, 1999) p. 101.

毕尔巴鄂古根海姆博物馆（1997 年）

博物馆形式和材料的表达风格与城市背景形成鲜明的对比

1991 年，建立在曼哈顿岛上的古根海姆博物馆是同一时代中最早的艺术协会，与位于毕尔巴鄂的古根海姆协会联盟共同举办了一场竞赛，设计第一个系列地建造在世界各地的卫星式博物馆。委托权由弗兰克 · 盖里建筑事务所赢得，这项委托书对于有规律地与艺术家合作，以及其形式风格被高度雕饰的建筑师来说，是相当理想化的。定居在毕尔巴鄂的巴斯克人来自西班牙北部，自从遭受第二次世界大战后重工业衰落以来，新的古根海姆是重建一个城市复兴计划中引人注目的事情。博物馆坐落在那威河（Nervion River）岸边一个醒目而险要的位置，周围环绕着曾经是重要工业中心的基础设施，这个工业中心包括海运集装箱场地、铁

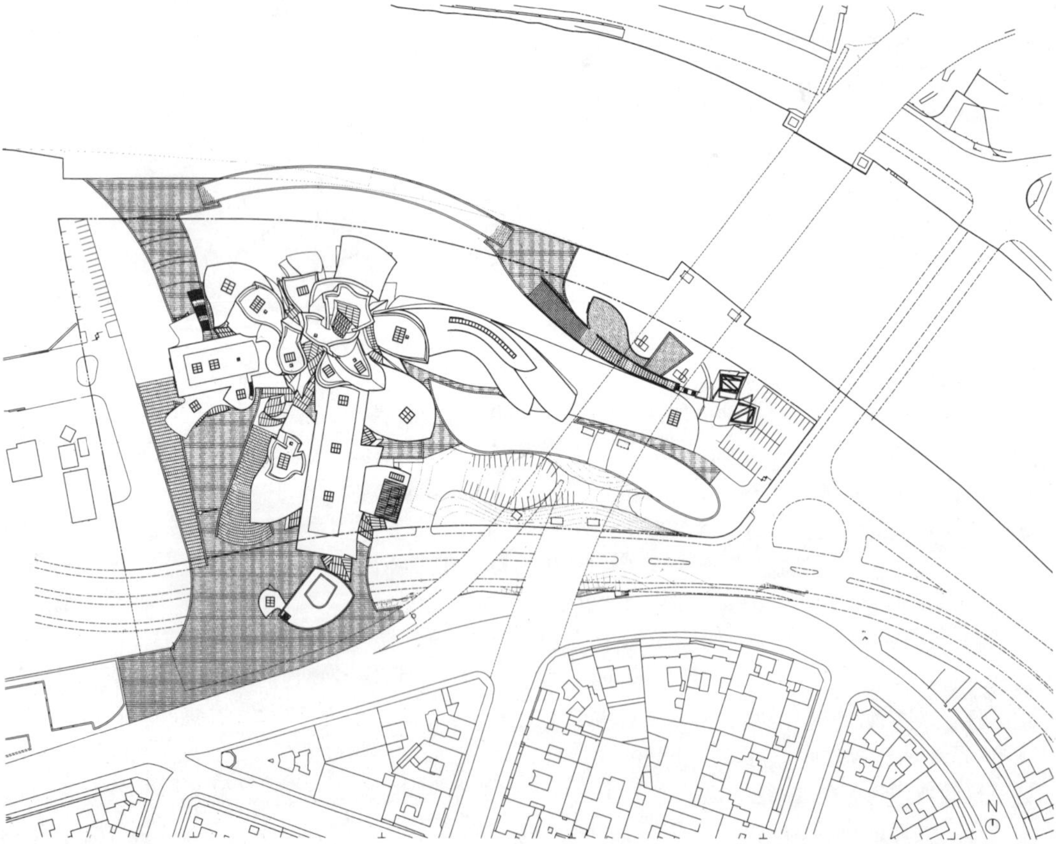

平面位置／屋顶平面

有意采用钛垫座来软化建筑的外表

路线和一个升高桥的入口斜坡。

建筑优雅地适应了基地的不利位置，但是它巨浪般翻腾的体块是奇怪、超脱尘俗的。它的外形构造由一系列粗糙的手工研究模型开发，后来由计算机合理化设计，成为技术上与经济上可行的建筑。设计者用 CATIA 软件将物理模型进行数字化设计，将其转变成连续有着弯曲表面的模型，而且将建筑上的控制面与校准点定位。结构区域从控制面偏离，并被识别出来。在结构区域内部，SOM（skidmore,owings & merrill）事务所的工程师们创造了结构化的概念，即在模型构件中将刚性构架设计成预制的，并且用最少的支柱竖立建造。这个明显简单的框架由 3m×3m 网格的标准钢构件组成，同时还包括 310mm×350mm I 形截面的垂直构件，以及跨度从 160mm 到 200mm 见方的中空断面组成的水平构件。除了船舶走廊的屋顶以外，所有构件都是平直断面，并且全部形式的几何复杂性完全在它们之间的相互联系中呈现。建筑师与结构师的职责互换，SOM 事务所将所有构件误差都控制在 300mm 以内，但是最后的精确定位将由盖里工作室完成。

两个附属的结构层处于通用钢的多面框架与每个控制面之间。直径 50mm 的钢管以 3m 的垂直间隔组成水平阶梯，从而确定了表面的水平曲率。阶梯是跨在主要结构上的分开框架，并用万向接头连接到主要结构上，这种万向接头在任何方向均能较好地调节。垂直曲率由最

主要钢构件明显是直的，并在连接处显现其曲度

第二级水平切开的框架阶梯被托架脱离主要钢框架

断面和二层平面

1. 大厅
2. 中庭
3. 画廊
4. 上空
5. 零售室
6. 饭馆
7. 职员办公室
8. 露台
9. 储藏间
10. 机房
11. 塔楼

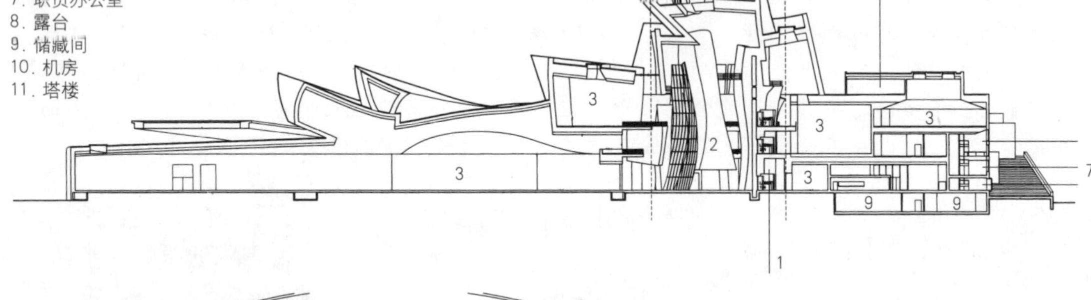

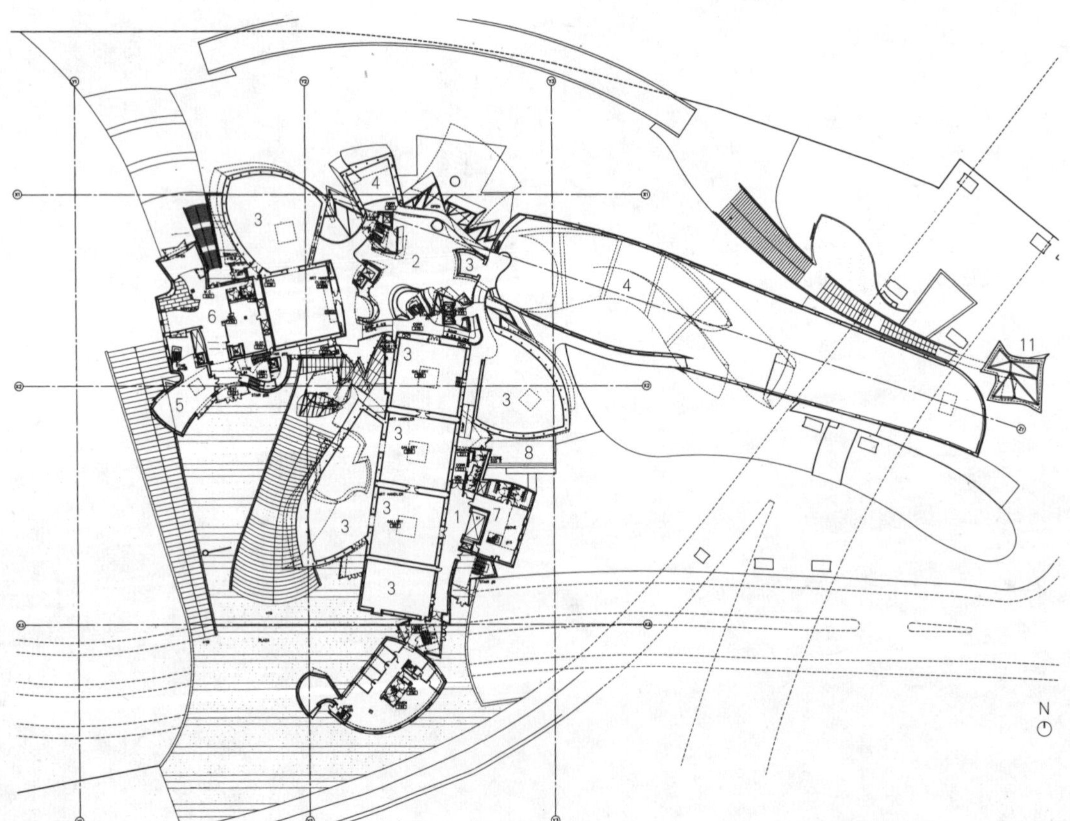

内部和最外部的层确定，这些层由距离中心600mm的、90mm×40mm的垂直小型量规钢柱螺栓构成。所有的管子和钢柱螺栓均向同一个方向弯曲。为了控制面以及全部的5个结构层，设计者开发了CATIA中的线路框架、交叉节点、间隔以及干扰。

尽管CATIA能通过结构精确地显示出建筑形状以及每个构件的尺寸，但是它仍然能保持着一个金属框架。盖里工作室原想在早期的设计中将结构型钢全部用三维计算机模型表现，但是一直没有找到合适的软件做这样的模型。Urssa——一个西班牙钢铁制造商，已经授权使用BOCAD，这个软件是为桥梁和公路结构开发的新型专利软件，而且仅仅适用于欧洲的钢铁承包人。利用在CATIA中开发的线路框架，BOCAD能产生全面广泛的钢结构三维计算机模型，更重要的是，将模型转化成二维的构成图像或者计算机数字控制数据资料，这项数据是为所有钢构件的末端配置准备的，并且这些钢构件的每一个均是不同的。尽管有这些复杂性，BOCAD的应用还是保证了主要结构能够被精确制造，以致实际上消除了对于切割和焊接领域的需要。但Urssa的确在现场有很多困难，它不得不弯曲起重机吊架将构型钢推拉到合适的位置。随后，在毕尔巴鄂取得的经验能够使盖里和他的同事们利用CAD软件预演装配过程来提高其连续性，并充分地减少起吊成本。

如果将数字化机器与CATIA数据库连接，

带有高度防火灵敏性的主要钢结构为第二级水平裂开的阶梯状框架和垂直照明规格的钢柱螺栓提供了盔甲

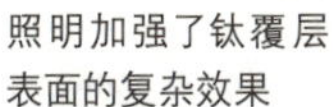

照明加强了钛覆层表面的复杂效果

整洁的镀锌钢片提供了绝缘层和防水层

钛覆层在现场安装时就是扁平的，同时建筑表皮80%的面积仅仅需要四块镶板大小的钛覆层

毕尔巴鄂的结构和覆层将被预制。如果具有高度熟练的劳动力，那么意大利 Permasteelisa 公司以及许多西班牙的分包商反而会选择人工制造。从航空工业建筑得到启发，每一个结构构件在制造期间被条形码打成线条并被标记在与结构层邻接的交叉点的节点处。在现场，条形码被读取，与 CATIA 连结的测量设备能够使每一个构件精确安装，并与计算机模型的操作同步进行。与那种和主要结构相关的安装附属结构的普通方法不同，这个方法避免了容差的累积，并且将位置测量和切割的要求降至最小，同时保证了非常严格的容差，使如此复杂的几何形休得以实现。

倒映在那威河中的博物馆，好像从毕尔巴鄂的工业基础设施中生长出来

然而，计算机不能完全排除经验主义数据。在设计开发期间，整个实体模型被用来探测镀锌钢和钛受复杂曲率影响而没有弓起的程度，以及接缝处精确的容差。随后用 CATIA 将金属表面处理使之与实体模型确定的参数一致，尽管有如此复杂的表面，毕尔巴鄂的所有覆层均被递送到平面位置，金属表皮 80%的表面面积仅仅需要四个标准化镶板尺寸。工人用搭接关节处的柱头螺栓将电镀层固定并覆盖上一层防水层。钛覆层表面上的微小垫座不能表现出计算机模型和实际建筑物之间的差距，但是——由于钛本身的自然属性，钛片仅仅 0.37mm 厚——工人们有意配置微小的垫座以柔化建筑物的外观。电镀底层是绝对整洁的。

将古根海姆变为现实与位于西班牙北部巴斯克中心的航空和造船工业的专业技能有着错综复杂的联系。在区域内的承包人熟练地应用 CAD-CAM 技术，并在一些情况下提供比盖里在以前的项目中所使用的更加先进的软件；因此，古根海姆能够超越以前可以想像的审美和技术限制。通过处理空前的复杂性极大地减少在特殊构件和大量生产的构件之间的成本差异，盖里开发利用计算机来挑战工业生产的习俗惯例，更新了建筑以手工艺为中心的可能性。

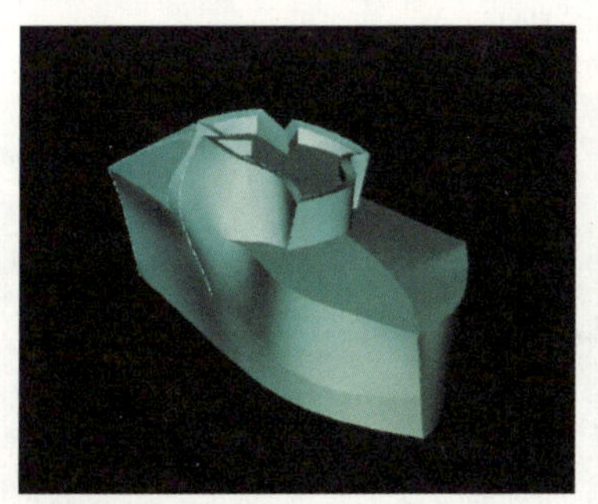

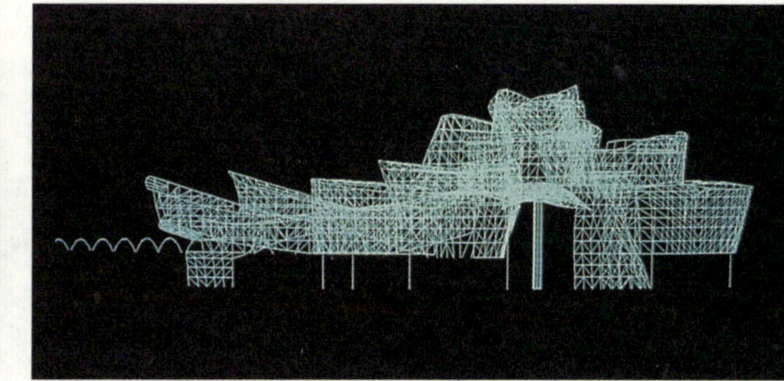

由钢框架支撑的主要立面

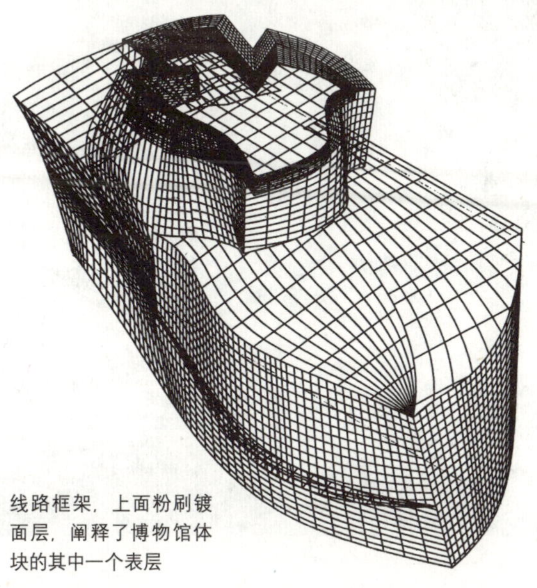

线路框架，上面粉刷镀面层，阐释了博物馆体块的其中一个表层

业主：所罗门·R·古根海姆基金会与毕尔巴鄂古根海姆协会（Solomon R.Guggenheim Foundation & Consorcio del Proyecto Guggenheim Bilbao）
建筑师：盖里建筑事务所 LLP
地点：西班牙毕尔巴鄂
结构工程师：Skidmore Owings & Merrill, 芝加哥
机械工程师：Cosentini 联合事务所
照明顾问：Lam 及其合伙人
声响顾问：Mckay,Connant,Brook 和 Ernesto Garcia Vadillo
基金会：Cimentaciones Abando
钢与混凝土结构：Ferrovial/Lauki/Urssa
外部建筑物：Construcciones y Promociones Balzola
内部建筑系统：Ferrovial
工地工程：Ferrovial
钛供应商：Timet
外墙：Umaron/Permasteelisa

英国博物馆大展苑（2000 年）

随着新型钢材和玻璃屋顶的建造，2 英亩的庭院被转换成欧洲最大的有顶公共广场。伊丽莎白二世时期的大展苑——用于为英国博物馆提供一个能够容纳讲演厅、研讨会房间、画廊、咖啡厅、餐厅和博物馆购物商店等公共便利设施的中心——被修复重建为乔治王朝立面形式。

随着特别是战后庭院的迁移与扩大，给人留下深刻印象的是 19 世纪前英国图书馆的穹顶阅览室，现在已是广场内部的独立建筑物。

在寻求一种从矩形庭院到圆形阅览室的巨大的形式转换过程中，由于场所内阅览室的位置偏离中心 5m，使得设计者的任务变得复杂。最终的形式没有标准的几何定义。被定义为半水平和拉直的百吉卷切片，由一系列在水平方向升高 3 ~ 7m 并且跨度 14 ~ 40m 的可变的弧形组成。

新的屋顶看起来好像飘浮在历史性建筑的上空。为了避免在阅览室最初铁框架上强加的附加水平荷载和垂直荷载，屋顶通过一圈 24m 高的柱子支撑，这圈柱子隐藏在中央穹顶新石覆层后面。为了取得所要求的耐火等级和硬度，柱子是合成的构筑物：外部是直径 457mm 钢管，内部是直径 150mm 的加强杆且被填充入混凝土。在柱子顶部，滑动轴承上的圆形混凝土隔板结构平衡了从新屋顶的对边产生的推力，并为大展苑容纳了主要的排风扇。

沿着方院的周边，屋顶支撑在矮的钢柱上，而矮的钢柱承担着隐藏在石栏杆后面的钢筋混凝土圈梁。尽管垂直荷载由石头正面承担，滑

尽管看起来像简单的菱形格栅，新型屋顶仍是一种复杂的曲面形式，而不能够用几何形状来描述

动轴承仍允许屋顶侧向移动而不受现有建筑的控制。结构通过横拉条和外部每个角落的水平构架加固，横拉条隐藏在方院每一边的中心石头柱廊后面。

格子式外形通过辐射状构件构成，而辐射状构件通过相对的螺旋连接。它绷紧在 50m 的半径范围内，弯曲的形式主要依赖拱的压力，因此能成为重量很轻的构筑物。结构元件由焊接到 80mm 宽横截面上的钢板构成，钢板厚度范围为从中心的 80mm 到周边位置的 180mm。每一个组成元件都是逐渐变细，以消除结合处的偏心距。逐渐变细的元件是直的，并且通过钢板切割成的星状节点取得屋顶的饰面形式，钢板的厚度范围是 70 ～ 170mm。沿着空间南

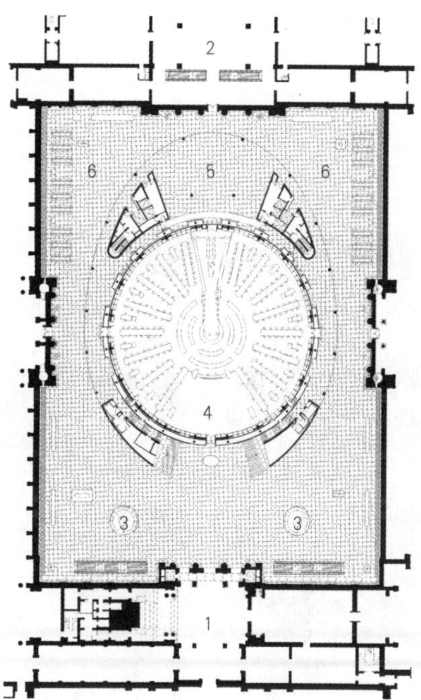

大展苑首层平面

1. 在罗素街南入口处的休息大厅
2. 从蒙塔古宫（Montague）连接到北入口的现有画廊
3. 信息／售票厅
4. 阅览室
5. 博物馆购物商店
6. 咖啡厅

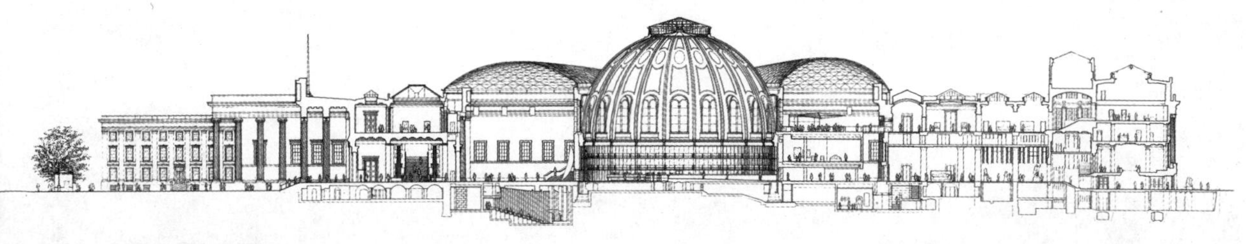

从南向北观察的剖面

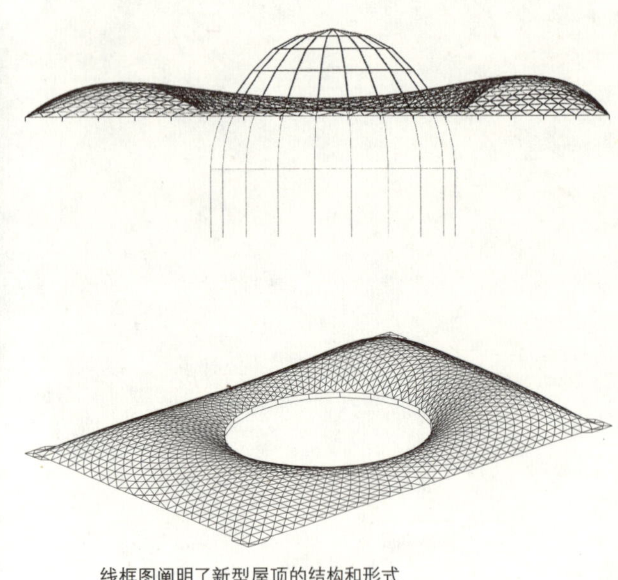

线框图阐明了新型屋顶的结构和形式

北轴这条惟一的对称轴线，有限地重复了将近7000个横截面和节点。虽然如此，自动机器的切割和焊接使得它们被非常经济地建造。

为了保证格子式外形的整体性，所有连接处均被完全焊接。焊接处的设计效果需要保证连接处有充分的延展性，以允许屋顶在风雪荷载下也能够移动，并阻止脆性破坏。同样，D等级钢——通常应用在海运业或石化产业上——被应用到所有的结构构件中，因为它是纯钢，并且比建筑等级钢具有更好的延展性。

格子式外形既适合用作主要结构，也适合用作熔结和带色彩的玻璃窗，格子式外形摒弃了对附属结构的要求。熔结炉的最大尺寸决定看网格结构的最大尺寸——在空间周边的2200mm

英国图书馆以前的屋顶，先前嵌入在建筑构造内部，现在则占据了大展苑的内部中心

高、3300mm长的网格。3312个三角形双层上釉玻璃板中，每一个均不相同。

钢构件在奥地利制造并用船运到英国的车间，再用精确的夹具将它们装配成152根梯状桁条。因为博物馆不得不通过构筑物保持开放状态，而场地没有提供储存位置，因此梯状桁条被卡车准时准确地运输到现场，并被起重机吊起到现有博物馆建筑的上空。一个20m的高站台竖立在大展苑内部，既能为梯状桁条提供暂时的支撑，又能在现场施工焊接以将它们缝合到一起。与计算机三维模型连接的专门测量装置能将上千个构件装配，并将它们竖立到相应的位置，误差仅仅3mm。随着钢框架和大部分玻璃的安装完成，支撑物被有控制的程序逐

工人首先安装光滑的玻璃，以便撤去为钢结构所做的暂时支撑

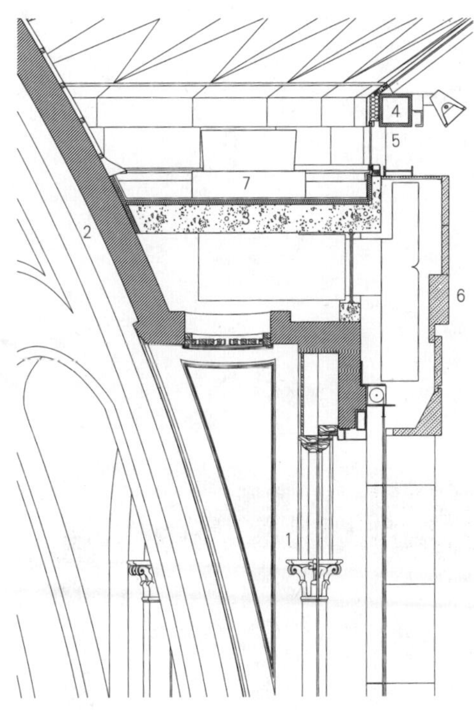

屋顶与阅览室穹顶连接处的细部

1. 现有阅览室穹顶的铸铁结构
2. 现有穹顶外壳
3. 2000mm×300mm钢筋混凝土圈梁
4. 350mm×350mm已制作的横截面钢圈梁
5. 在大约7m中心处的250mm×250mm钢构造柱（偏离阅览室中心18°）
6. 在阅览室穹顶上的新型石材覆层
7. 排风扇

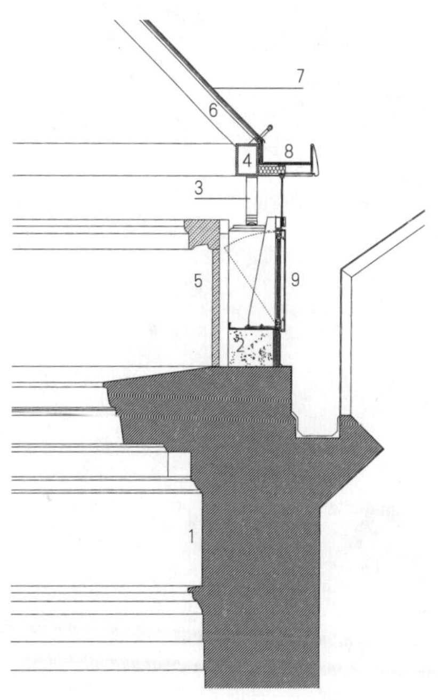

博物馆屋顶与墙体周边连接处的细部

1. 现有石墙和檐口
2. 500mm×500mm钢筋混凝土圈梁，圈梁带有大约1000mm钢柱高的混凝土柱
3. 装配在滑动轴承上大约6m中心处的120mm×120mm的钢构造柱
4. 钢梁周边处的250mm×350mm构造盒型截面
5. 利用新的石栏杆来隐藏屋顶与墙体的连接
6. 钢制箱形梁屋顶结构
7. 光滑玻璃
8. 排水沟
9. 通风板

逐渐变细的箱形梁和钢制星状节点消除了表面连接处的偏心距

在生产阶梯程序后为运输而做的包装节点

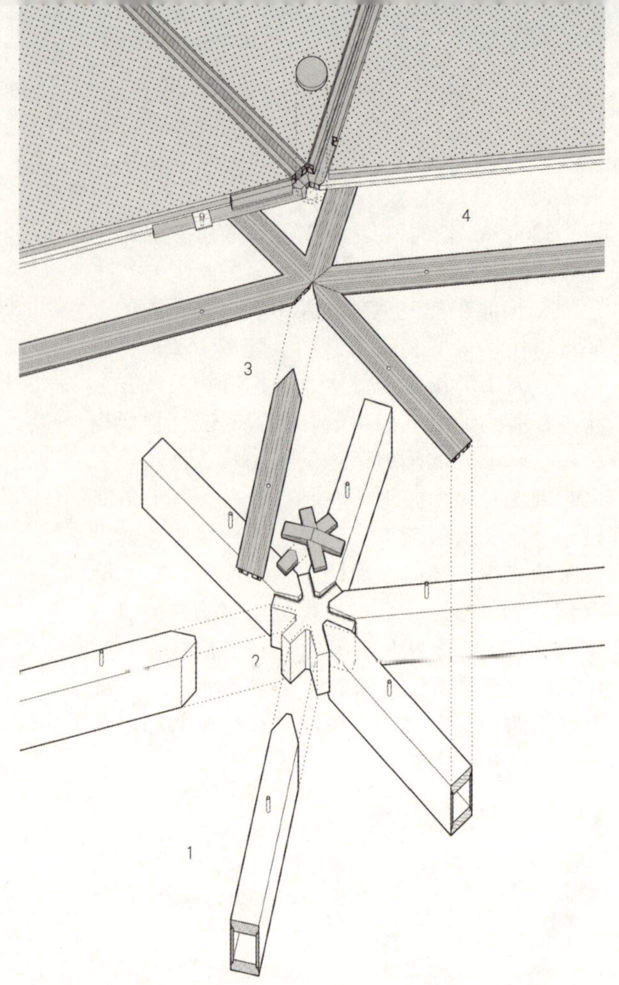

节点细部

1. 矩形截面宽度从 80mm 到 180mm 逐渐变细
2. 实钢节点厚度范围为 70 ~ 170mm
3. 铝制竖框
4. 被熔结的和带色彩的扁平双层光滑构件

新型屋顶从光井形式转换到公共广场的形式

相对于 19 世纪英国博物馆的石质表面，光滑的外壳提供了视觉上的光感对比

渐移开。完工的屋顶，正如所预期的，在高度上下降了 150mm，并向侧面伸展 90mm 来取得它最终的形式。复杂精密的计算机控制模型、构造和装配技术产生了一个在视觉上相当精致的新型结构，与英国博物馆这个历史性的建筑形成了强烈的对比。

业主：英国博物馆信托委员会（Trustees of the British Museum）
项目经理：英国博物馆
地点：英国伦敦
建筑师：福斯特建筑事务所
结构工程师：Buro Happold
机械与电力工程师：Buro Happold
规划监督：Buro Happold
防火工程：FEDRA
质量检测：Northcroft Nicholson
音响工程：Sandy Brown 联合事务所
照明设计：Claude Engle
立面工程：Emmer Pfenninger
历史建筑顾问：Giles Quarme 联合事务所 ,Caros 及其合伙人 ,Ian Bristow
施工经理：MACE
屋顶构造与建造：Waagner Biro, 维也纳
屋顶的车间装配：B+K 制作，德比

因为屋顶复杂的几何形体，在 7000 个构件和 3300 多个光滑平板中，只有极少数是相同的。

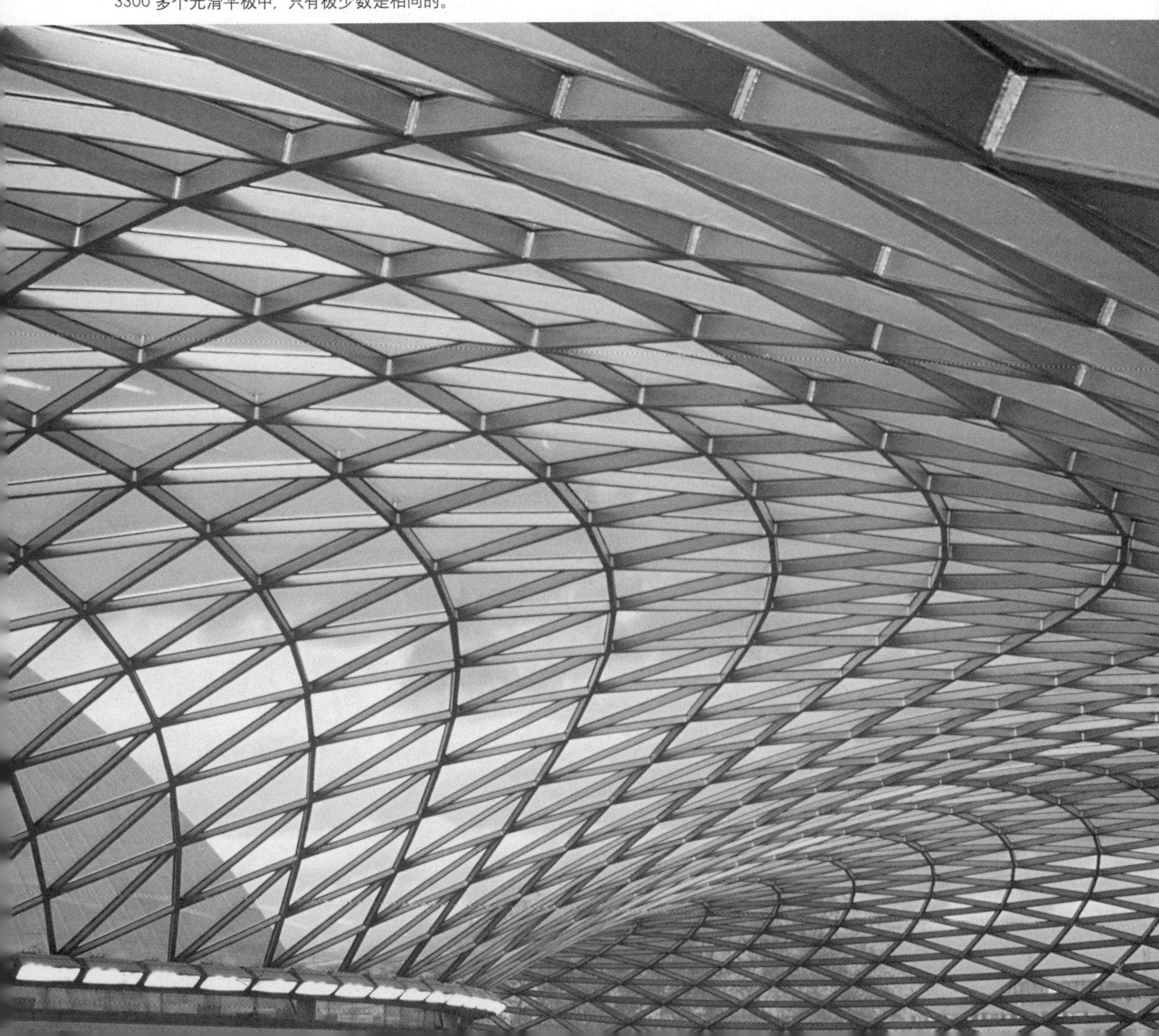

威尔士国家植物花园巨大的玻璃房（2000 年）

巨大的玻璃房位于一个修复的 19 世纪风景花园里，它是威尔士新国家植物花园引人注目的中心。作为世界上最大的单跨玻璃房，它容纳着整个地中海生物圈，地中海生物圈产生于利用自然通风、再循环雨水以及当地长成树木热量的可持续的能量系统。

椭圆穹顶——95m 长、55m 宽——仿效早期在这个地点上建成的正式花园，同时加强了它的波状地形。玻璃小丘的双层曲率由削减于圆环面的几何形体和平面形成。垂直于圆环面的 Z 轴向西南方向近似地倾斜 7°，以便能在方位上充分利用太阳能并将暴露于北风中的形体最小化。参观者的衣帽间和盥洗室隐秘地藏在被草覆盖的北堤。位于北岸的三个入口做成了地面上的切口，由此保存了玻璃穹顶完美的形式。

细长的结构由 24 根管状钢拱组成，管状钢拱跨度达到 55m，并产生了距离地面上空 15m 的高度。该拱承担着倾斜的椭圆混凝土圈梁，圈梁从南部水平地面生起，直到北部地面上空 7m。尽管中心拱是垂直于底部的，但外部拱逐渐倾斜并与圆环面的半径对齐。每一个拱都是由直径 323mm 的钢管和构造球座组成的复合部件。设计者将球座放置在管的外面，从而被隐藏起来，在视觉上提高了建筑的轻盈和灵活性。直径 114mm 的管状附属结构横跨在拱与拱之间 7.5m 的中心位置。为了避免不得不为每一个拱建造不同的端面板情况的发生，实心不锈钢球

巨大的玻璃房是植物花园波状地形的一个延伸

钢球窝接头点解决了环形拱和椭圆混凝土圈梁之间的连接

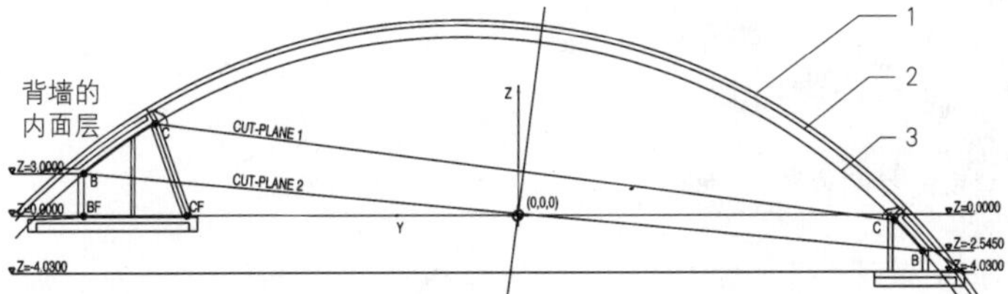

窝接头点解决了这个复杂的几何形体问题，并能通过旋转来阻止由于钢结构的热膨胀导致的瞬时压力传递。

多面体状的外表皮包含扁平硅树脂玻璃梯形板，该板与铝窗框结合，并固定在铝框架上。单层玻璃单元之间的沟槽提供了一个安放147个槽口照明光源的竖柱，每一个的尺寸均为4m×1.5m，它们均处在隐蔽的位置，并且数量充足，实际上从固定金属板中是很难分辨的。外壳的开放和闭合完全由计算机传感器控制。

由微型工作站开发的三维CAD模型控制着设计和建筑进程，该微型工作站定义了圆环面的曲率和平面切口以及所有部件的中心线。现浇混凝土、钢结构以及玻璃窗的主要转包商用

背墙的内面层

剖面：圆环面形体的展示

1. 钢顶部：内径＝94.1600；外径＝44.8700
2. 圈梁的顶部：内径＝94.1600；外径＝44.6900
3. 混凝土拱腹：内径＝94.1600；外径＝43.8400

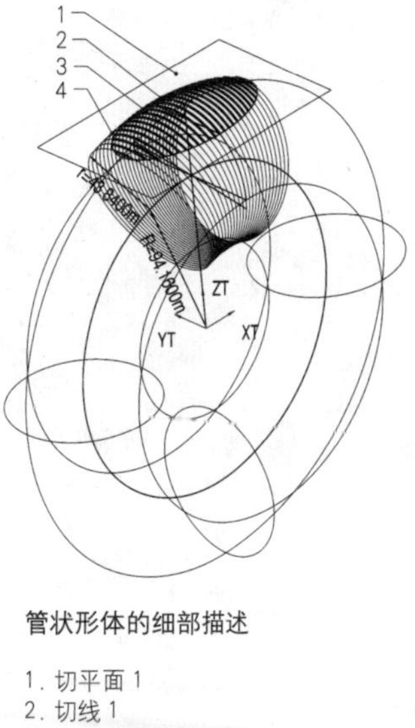

管状形体的细部描述

1. 切平面1
2. 切线1
3. 钢制圆环面的顶部
4. 圆环面的钢拱腹

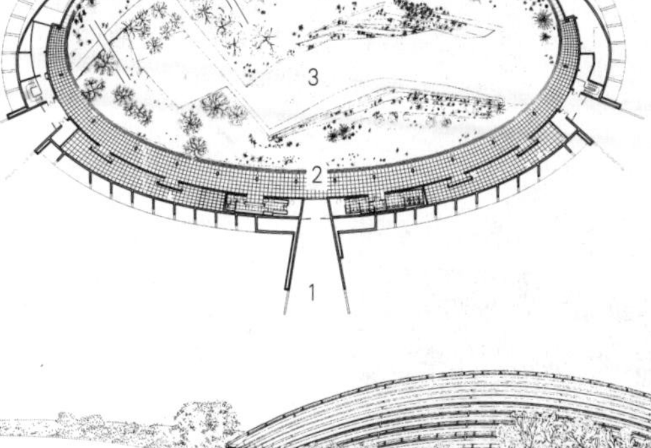

平面

1. 入口
2. 公共广场／支撑设施
3. 生物圈

剖面

CAD数据库开发构造图像。在现场，承包人在必需的间隔位置创造XYZ轴空间坐标来描述形体曲度。在偏离了尺度的传统格栅线位置，利用高度精确的经纬仪，萃取于路径的节点以及数据模型不同平面上的中心线均被迁移到精确的位置。因而，CAD坐标被转变成建筑坐标，该坐标连接着国家军火测量网格与在建筑工地上的固定位置。数字资料库和预制工场的结合获得了高准确度。精确的最低限度要求的细部产生了大尺度的极限建筑，适宜的符号象征着可持续发展的概念。

建造过程中的混凝土基础和钢拱

结构被设计在地中海生物圈的内部，以最大化地透过日光

结构的模型轴测图

1. 在中心8m处倾斜的600mm×300mm椭圆部件加固了混凝土柱
2. 现浇形式加固了混凝土圈梁
3. 在中心4m处的主要拱：由钢管和球座组成的复合部件
4. 在中心7.5m处的附属钢管
5. 支撑4m×1.5m网格玻璃的铝框

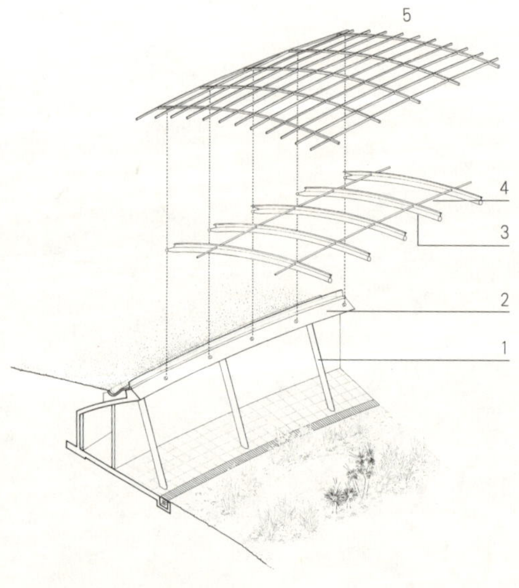

业主：威尔士国家植物花园
地点：英国威尔士卡马森郡
建筑师：福斯特建筑事务所
结构工程师：Anthony Hunt 联合事务所
机械与电力工程师，玻璃房环境顾问：Max Fordham 及其合伙人
植物花园景观建筑师 ：Colvin 和 Moggridge
大玻璃房景观建筑师：Gustafson Porter
成本顾问：Symonds
项目与施工管理：Schal 国际管理公司
混凝土：Byrne 兄弟公司
结构钢构架：沃森钢铁
玻璃：Metallbau Fruh

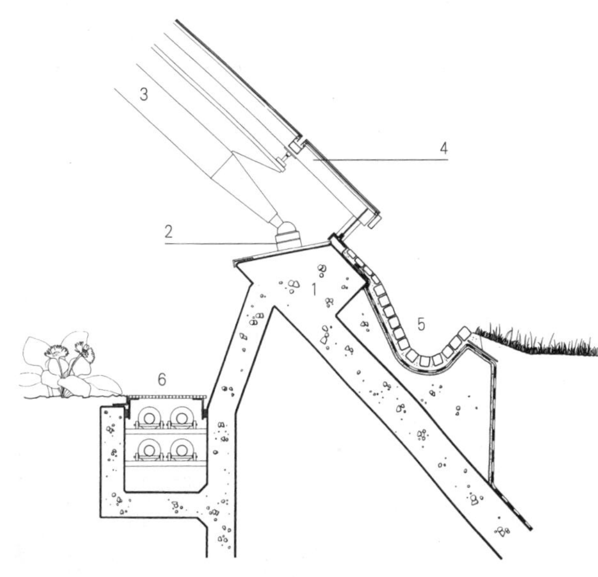

光滑的外壳由计算机控制传感器激活，以开放和关闭的状态适应外部周围环境

水平地面细部（玻璃房的南侧）

1. 现场钢筋混凝土圈梁
2. 直径 180mm 的钢球窝接头点
3. 主要结构：焊接在 150mm×268mm 球座的 323mm×10mm CHS 梁，带有 10mm 厚度的网格和 40mm 厚度的边缘
4. 用硅胶粘结单层玻璃的铝制窗框
5. 花岗石排水沟渠
6. 为供热管散热装置服务的沟渠

玻璃窗细部

1. 主要结构：焊接在 150mm×268mm 球座的 323mm×10mm CHS 梁，带有 10mm 厚度的网格和 40mm 厚度的边缘
2. 150mm 高的铝支柱，在 X/Y/Z 方向均可调整
3. 175mm×120mm 铝制竖框
4. 粘结在 16.8mm 碾压单层玻璃窗上的硅
5. 固定光源
6. 开放光源
7. 开放光源的开关
8. 安全吊带轨道
9. 水槽

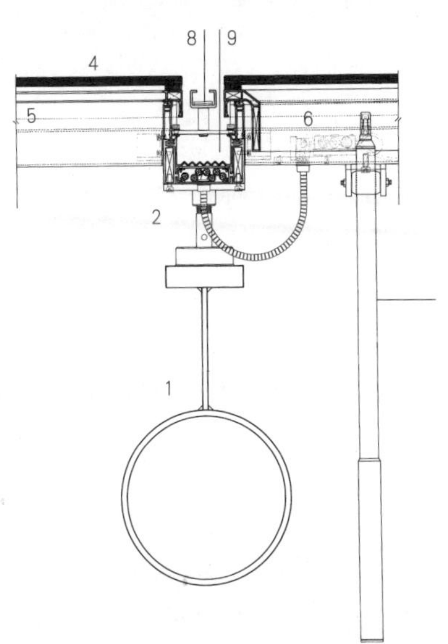

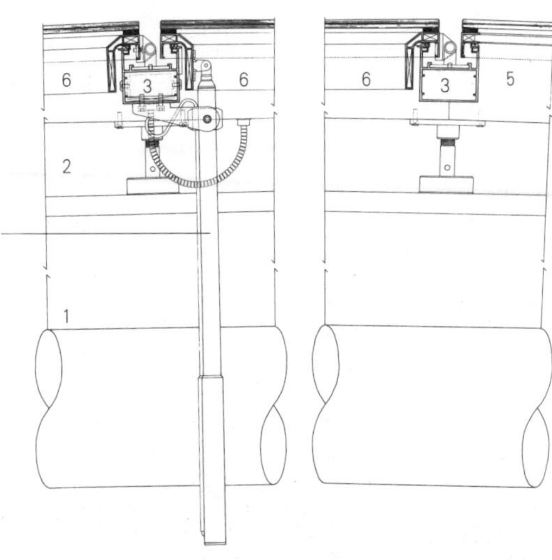

巴黎品红桥（2000 年）

品红桥跨越处于奥赛博物馆、卢佛尔宫以及杜瑞丽公园（Musée d'Orsay and the Louver and Jardin des Tuileries）之间的塞纳河上，它是巴黎中心城市基础设施的一个重要增建物。这座步行桥由建筑师兼工程师 Marc Mimram 设计，并且是通过 1992 年举行的国际竞赛委托受理的，随着 19 世纪早期浇铸铁桥的摧毁，它代替了 20 世纪 60 年代末就建立在这里的暂时建筑。竞赛大纲要求新建大桥需要继续左岸索尔菲里诺大街（Rue du Solferino）这条轴线的延伸，并且连接两岸上面和下面的码头。由于左岸下部码头与右岸上部码头的重型车辆交通，理想的步行路线是相反的，该步行路线从索尔菲里诺大街延伸到高速公路下面的隧道，并一直延伸到杜瑞丽。工程师 Mimram 的双层拱以对称的单跨横越河流，从而灵巧地解决了两端的不对称问题。对于在两个水平高度上的步行平台，新建大桥提供了多样轨道，以加强它作为城市结缔组织的地位。

除提供路线之外，方案还作为一个居住型桥进行构思设计。较高平台是跨度 140m 的扁平拱，被一个绷紧弯曲并且跨度为 106m 的附属索状拱支撑。上部平台直接从左岸的道路水平面升起，通过斜坡连接到右岸，同时下面平台的两端将台阶踏步逐渐延伸。为了让行人慢慢行走，大桥很宽，在末端宽度 11m，桥面宽度逐渐增大，直到中心位置宽度为 15m。下面平台由支撑上面人行道的立柱支撑，在下面的平台

建造顺序（从左向右）：
上面和下面的平台结构；
上面平台硬木的安装；
下面平台的入口

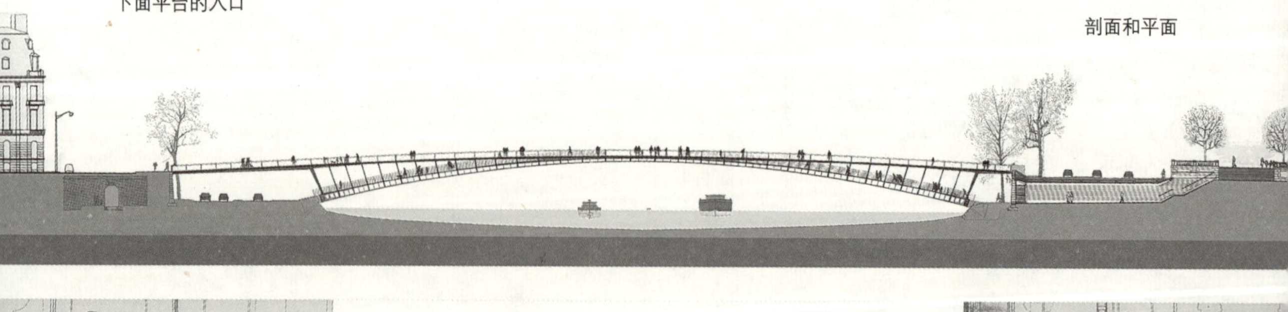
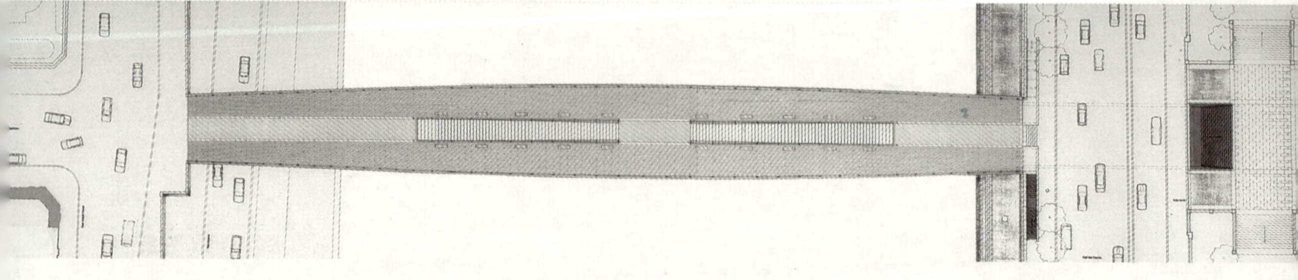

剖面和平面

从大桥的内部空间看，行人朝着天空的方向攀登

品红桥加强了巴黎中心的城市基础设施

上，行人能够体验到大桥的内部空间，在那里，支撑结构通常隐藏在平台下面，这在很近的距离是可以被观察到的。随着下面平台的上升，上部的拱裂开，呈现出天空视野。两面拱的升高意味着只有在大桥的顶部，另一端的景观才被完全暴露。在桥的顶部，两个平台合并，从而在河流上创造了一个足够大的露台。在这里，大露台吸引人们在此逗留，并欣赏到城市全景。

设计充分重视桥的灵活轻盈与透明性。下面的拱由两对各在两个方向弯曲倾斜的肋状支撑构成。每一个肋状支撑均是一个由厚度140mm的钢板制造的空腹桁架，该空腹桁架由氧乙炔削减斜切，经水硬碾轧，进而连续性地焊接而成。所用钢是高强度等级钢S355 K2G3，这种钢最初被开发用以埋入核电站的核心。每一对肋状支撑均被连接到支座，并且张开以支撑上面的平台，因为这个平台在朝着跨度中心的方向加宽。肋状支撑的厚度从大桥的末端到中间部分逐渐减小。代替均匀间隔，桁架的垂直刚性元件被以等差级数的形式安排，在剪力最大的桥礅支座那里被紧密地间隔，并且朝向桥的中心逐渐展开。

肋状支撑不仅承载下部的平台——支撑在I形钢上，并焊接在肋状支撑之间——还有上部的甲板——通过V形的横向蹬形支撑承载，这些横向蹬形支撑以每隔三个垂直刚性元件的竖向加劲杆的形式分布。这些支柱是焊接在钢板上的中空构件，同时被辗轧形成一端渐细的半

剖面显示了结构关系的变化以及行人平台从跨度中心（左上）到支座（右下）的变化

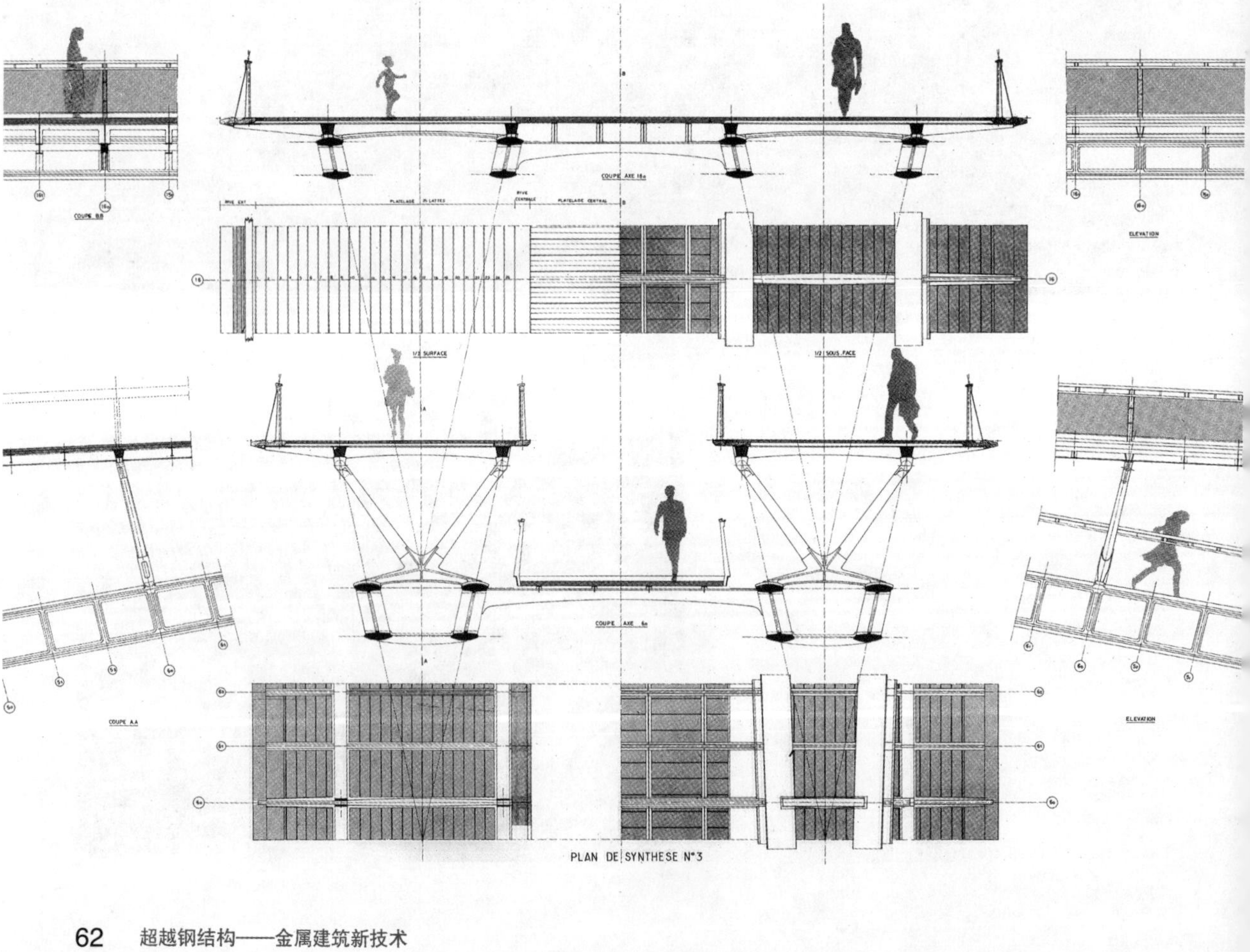

PLAN DE SYNTHESE N°3

椭圆形。在蹬形支撑的底部，工人们将平面上张开的底座焊接在肋状支撑上。蹬形支撑和底座的横断面逐渐变化，在桥的两端呈高的V形，到中心位置呈扁平的剪断面。蹬形支撑承载着逐渐变细的纵向箱形梁，每一个均在平面和立面上弯曲。这些梁依次承载附属的平台框架，如支撑刚性元件与蹬形支撑，按照等差级数排列。平台框架包含专门制作的I形截面、拱形的剖面上切割的网格，以及狭窄的底缘，其中I形截面带有宽阔的上部凸缘以携带凹槽硬木支架甲板。

该桥最初设计用铸钢建造，后来制作需要折衷，用碾压钢制作所有的部件，尤其是在连接处的侧面位置。在埃菲尔车间制作，利用为

精巧设计的双重拱提供了通过城市的多样化步行路线

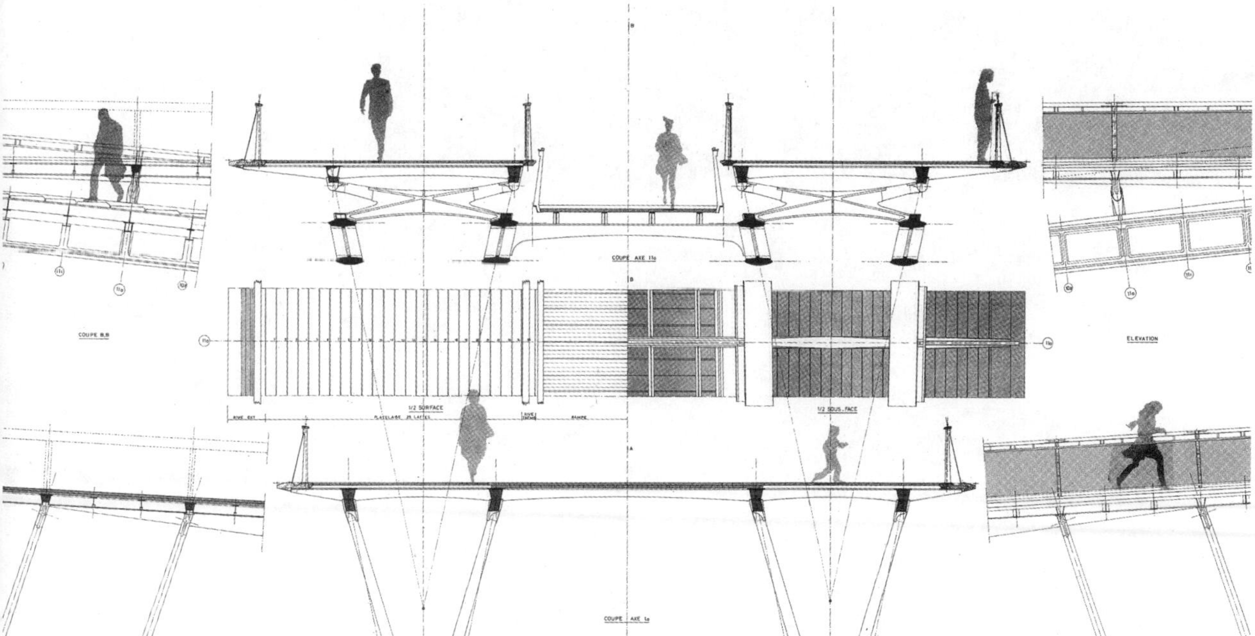

PLAN DE SYNTHESE N°2

海运业制作锅炉一直很先进的焊接技术，桥的几何形体终被实现，精确到容差 0.1mm 的角度。设计者通过数字化设计的整合，结合 CNC 切割、机器焊接以及 X 光线照相术的焊接整体测试，复杂表面的视觉效果、分析以及制作才被认为是可行的。

现场工作，从建造防水堰开始，到能建造混凝土支座桥墩，支座深 18 ~ 20m，并带有朝着顶部方向逐渐密集的加固钢。每一对肋状支撑均通过 12 根直径 100mm 高强度的螺钉锚固在承载平板上。假设在码头的场地入口受限，设计者利用长形驳船预先安装四个末端截面，以及桥上两个 48m 长的中心截面。这些部件通过用船载运的起重机在 4 天内竖立起来。跨越在支座和临时桥墩之间的端部截面首先被安装，然后制作完成蹬形支撑和箱形梁。接下来是中心截面的安装，其中也包括平台框架、连接处的现场焊接，以及岸边预制的平台长度，这些部件均利用起重机被提升到合适位置。对应于拱顶 35mm 的沉降，结构分析允许在每一个支座有 5mm 的位移。随后是临时支撑的移动，桥允许偏斜，然后被抬高到它的最后形式，以弥补超过误差的位移。桥的几何形体在安置过程中被连续监控，随后它被抬高，直到最后浇铸轴承至合适位置为止。在 1999 年的开幕典礼上，因为侧面的振动，管理者延迟了开放时间，以调查这种振动趋向。就像伦敦千禧桥一样，这种移动是由行人的同时步行导致的，这个问

防水堰保证混凝土支座的建造

不锈钢网格栏杆的细部

结构组成

1. 成对的空腹桁架肋骨
2. 下部平台框架上主要的 I 形截面梁以及附属的 T 形球座
3. 横向的 V 形蹬形支撑
4. 弯曲的纵向箱形梁
5. 上部平台框架中逐渐变细的、专门制作的 I 形截面
6. 栏杆

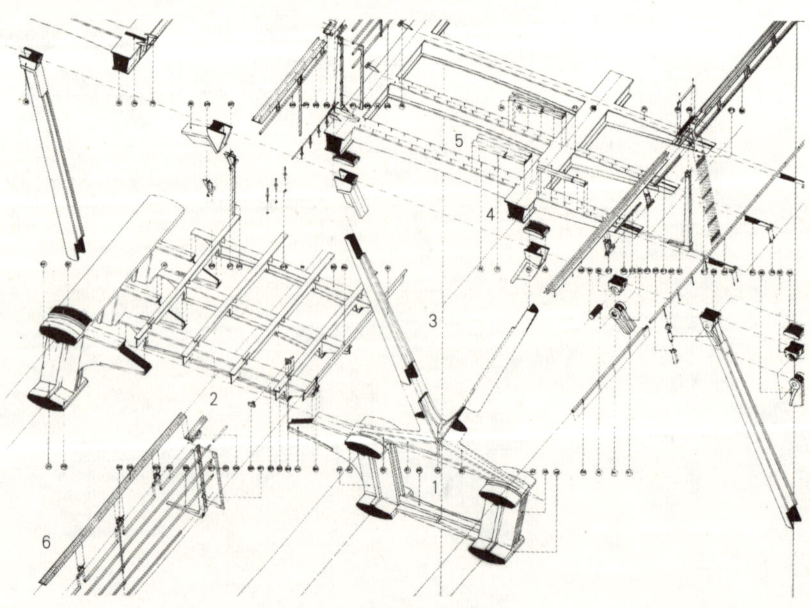

题通过安装调质阻尼器得以矫正，大桥终于在2000年向公众开放。

通过视觉改进，结构的轻盈度得到提高，这其中包括朝向跨度中心的形式逐渐变薄，以及由于组成部分做成斜面使边缘变窄。工程师Mimram避免了越过河流的对角拉条的应用，最大化地增强了在视觉上的渗透性。同样，不锈钢钢筋网栏杆可以让行人看到上下游清晰的景观，同时阻碍了码头上的交通景象。不仅仅是技术问题，对于步行者来说，结构也是一个有趣的事物，它从城市背景中成长，连接着塞纳河左岸和右岸上重要的文化公共机构，并且提供了重要的新型市民空间。

成对的空腹桁架肋骨变化的截面以及V形蹬形支撑赋予结构一个流畅的有组织的特征

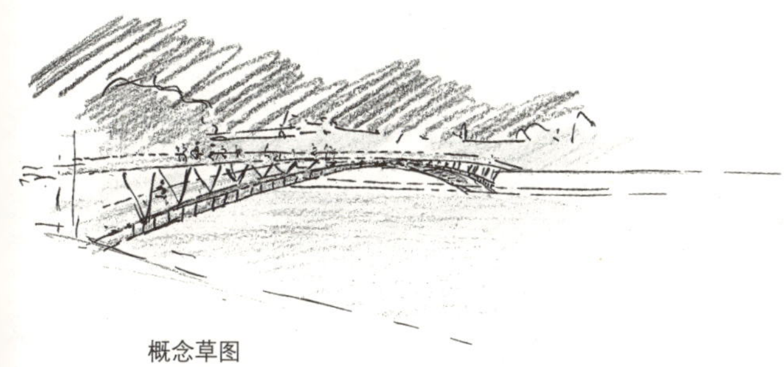

概念草图

利用浮动的起重机，跨越了从码头到临时桥墩的桥，其端点截面首先被安置，随后是中心截面的安置

业主：Ministry of Public Works,delegated to Etablissement Public du Grand Louvrs (EPGL)and Etablissement Public de Maitrise d'Ouvrage des Travaux Culturels(EPMOTC)
地点：法国巴黎
建筑师与结构工程师：Marc Mimarm
助理结构工程师：Sogelerg
钢铁承包商：Eiffel
基础工程：Quillery
木材甲板：Leduce Bois
扶手装置：Viry SA
石雕工艺：Charpentier PM

秩序的可选择概念

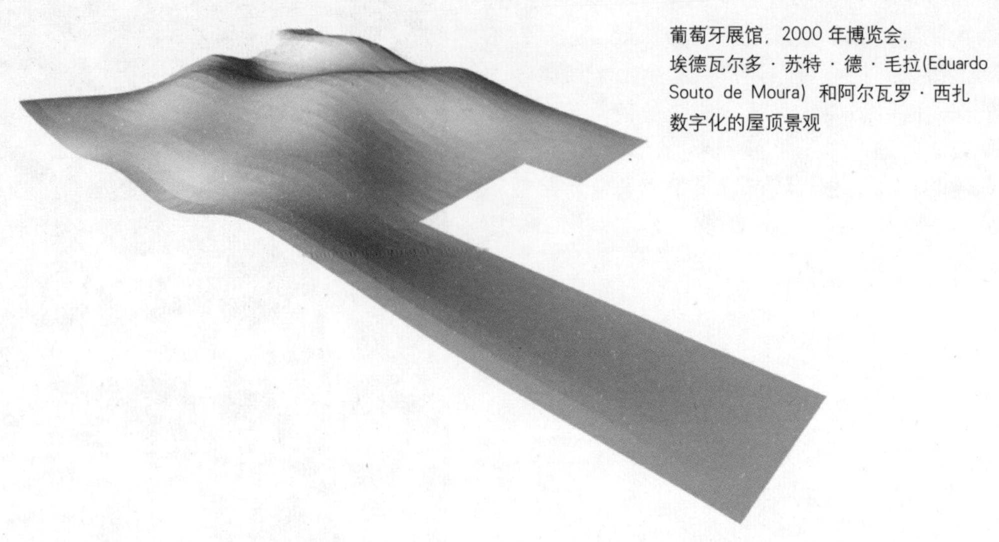

葡萄牙展馆，2000 年博览会，
埃德瓦尔多·苏特·德·毛拉(Eduardo Souto de Moura) 和阿尔瓦罗·西扎
数字化的屋顶景观

葡萄牙展馆

包括两个无定形的组织表面，云一样的屋顶被一个无规则的，但是在形式上连贯的空间框架支持

新型材料和机械化系统的大量生产强调了精密数学逻辑的重要性。就像建筑与工业一样，严格以及包罗万象的秩序被包括勒·柯布西耶在内的权威们所提倡。相反，数学——通过数学和科学上复杂化理论的优越性，人们推动了它在哲学意义上的发展，并且通过数字化技术工具进行实际的驱动——已经变成一个灵活的而不是严格的秩序装置。参数设计策略的运用日益增加，以交互式特征操纵的形式而产生，这种运用方式依次地遵照成形交换的概念。

这个反应与笛卡儿网格通用的秩序相反，并且 Arup 公司的结构工程师塞西尔·巴尔蒙德将这一反应雄辩地表达出来，这位工程师这样评述："在具有静态美的现代立方体中，因为玻璃所用的最低限颜料及其透明度，我们恰好看到立方体块的空腹。结构好像没有反应，只是静默地站立着。在高技术详尽的措施中，我们只是看到传统机械的外延范围、钢桅杆以及缆索、作为机械的结构……如果存在这个几何形体的生命，也许我们应该更加谨慎地前进，更多地利用直觉，更多在本能上而不是中性地假定，这种假定仅仅适用于立方体。"[1] 巴尔蒙德不赞成放弃数学。相反，他研究数字——或者数字化驱动的策略——正如能使设计者从设想的形体移向不正式形体的工具。按照这种模式想法发展的演变，一个开创性的工程是开姆尼茨体育场——彼德·库卡（Peter Kulke）和乌尔希·柯尼希斯（Ulrich Königs）及 Arup 之间的合作作品。取代单一的能够包罗万象的次序，开姆尼茨由多样的有层理的系统而来。结果是复杂性而不是简单性，是隐藏的而不是清晰的秩序。开姆尼茨从被现代主义者提倡的物体类型学以及与形式跟随功能的要求中移动出来，它不再由机械而是由自然激发。

尽管开姆尼茨像云一样的屋顶实际上是不能被建造的，而它的隐含意义随后塑造了汉诺威博览会中葡萄牙展馆的屋顶——由埃德瓦尔多·苏特·德·毛拉和阿尔瓦罗·西扎联合 Arup 公司设计。这个展馆不是作为开姆尼茨的纯粹概念，而是笛卡儿哲学和非正式秩序系统的融合。取代开姆尼茨的外围周边，设计者将葡萄牙展馆的屋顶焊接在直角方盒子之中。取代开姆尼茨自由的环形网格，屋顶结构是一个被改进了的空间框架。这个中性的、重复的、通用的系统，原属于旧的数学逻辑，现在设计者在上方和下方将其扭曲来塑造建筑的构造隔膜。这个云彩屋顶被数字化模拟、分析及制作。两个明显的 NURBS（不统一的理性 β 仿样函数）表面利用 Rhino 软件产生，正如仿样函数被造船工程师利用一样，Rhino 软件能操作带有多样交互式控制点的线条。随后将双曲屋顶和底部的和弦空间框架安置，以匹配表面的无定形形态，然后通过三角支柱和节点连接。屋顶，尽管在形式上是连贯的，却是由不同的、变化的而不重复的结构构件所组成。

非正式的途径能适应截然不同的建筑目的。尽管恩里克·米拉勒斯建筑好像比雷姆·库哈斯受限制的全部作品丰富，但两者的作品都揭示了在

为韵律操训练建造的国家训练中心，阿利坎特（Alicante），恩里克·米拉勒斯和卡莫·皮诺斯，1993年。根据当地条件设计结构形式以产生暂时的连贯性

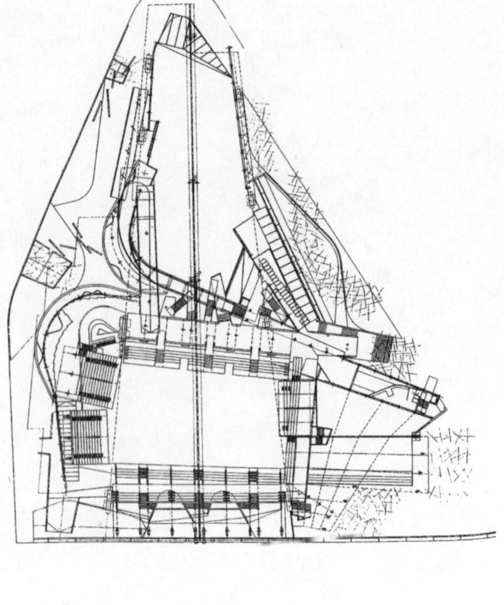

为韵律操训练建造的国家训练中心总平面

结构和秩序上所共享的重要性。例如，与在阿利坎特为韵律操训练建造的国家训练中心和在西雅图的公共图书馆相比较，能看出两者在形式上都是不确定的。设计者将建筑物和城市肌理之间的边界有意模糊，融合景观建筑和基础设施。西雅图图书馆像葡萄牙展馆一样，展示了笛卡儿哲学和非正式秩序系统之间的张力。在一个无组织矩阵内已被取代的直交体块中产生一个形式，这个形式在视觉上是不稳定的，并且在结构上仅仅提供被限制区域的连贯性。在这些区域之外，结构变成片断式，并反映当地特征而不是反映总体普遍的条件。正如在西雅图，阿利坎特建筑物的形式是可修整的产品而不是一个预先确定的状态。结构负荷离开中心转移，并且独立生成构件支撑在一端且悬挂在另一端。结构在角度和方向上轻微地变化，并在建筑的特殊位置进行精细的变化。结构重复、同质的任何概念以及与系统一样均匀分配荷载的任何事物，均被驱逐以有利于临时的连通性，[2]这种连通性赋予每个建筑一种不安定的感觉。

对于现代主义立方体静态美学，仙台媒体中心提供了可能是最直接的批判。一个规则的圆柱网格和标准地板高度被东京国际贸易组织要求的精细替代，而不是非正式的结构。地板好像是浮动在笛卡儿网格内，该网格寄存在有着规则韵律的光滑表皮上，同时柱子不规则的排列使其呈显波浪形的空间。正如库哈斯和米拉勒斯所说，这个动态的次序，好像仅仅暂时地保持平衡。但是更进一步说，东京国际贸易组织重新定义基础构造条件直到柱子变为“管”，并且地板混凝土路面变为“平板”。与勒·柯布西耶的平衡清晰性形成对比，仙台的柱子是活生生的中空管，没有结构物质填充，并且实心板层转变为具有稀少应力的蜂窝状表皮。在柱子和板层之间的连接处——结构应力集中的位置——作为一个空间表达出来。这个模糊不清，甚至删除了相关常规框架的愿望，在其他建筑制作中的表现也是明显的。在新型数字化世界产生的形式中，“地板”、“墙体”以及“屋顶”之间的差别，与类似“整齐的”以及“系统的”这种概念不再被视为空间组成成分的本质文法，而是作为形式想像上的受限因素。

由概念驱动的结构不同于非正式与精细的概念，结构的这些概念产生于材料元素。甚至在理性的领域，动态的行为也一定总是考虑结构的平衡。但是针对如此复杂和不规则的形态，所造成的移动影响还是很大的，设计人员将会更加严格地控制误差。制作的几何形体和最后的几何形体之间的差别是很关键的。参数模拟对于理解结构是怎样移动的具有很重要的作用。同样，勘测员在建造期间进行的监控偏差作用显得日益重要，所以这个数据作为建筑物数字化资料库中的动态属性而能被输入。例如，当英国博物馆大展苑的屋顶被去掉，并安放在它的最后位置时，75%的玻璃窗已经处于合适的位置，因此设计者不得不预制并控制钢的灵活性，不是将其孤立隔绝，而是与玻璃易碎的特点一同考虑。

致力于研究材料性能的伊万·瑞彻（Ian

柏林的尖顶，伊万·瑞彻建筑事务所，2003 年。一个被设计成在风中轻轻摇摆的"柔软的"结构

Ritchie）评述道："大部分工程师习惯于用静态原理思维方法工作，这一点是很容易理解的。但是事物一直随着温度、风荷载以及雪荷载移动，并且逐渐增加的硬度不是惟一的答案。如果你能预测运转情况——结构性能中的自我偏转和扭曲——那么你就能设计柔软的结构。"[3] 随着在"柔软"结构玻璃组装部件上的一系列重要改革，当前的实际工程让他的注意力转向了金属。柏林尖顶建筑像一个细长的不锈钢针，120m 高且在基础部位直径仅 3m，设计形态好像能在风中轻轻摇摆。尖端渐细的桅杆将被完全焊接在碾压的不锈钢板结构上，钢板厚度从在基础位置的 60mm，逐渐减少到顶部位置的 20mm。替代隐藏刚性结构的形式，尖顶表现得更像玻璃刀片——足够强硬地支持自己的上部，然而也有足够的柔韧性以便明显地移动。

与像笼子一样的笛卡儿网格截然不同，这些数学和材料上驱使的可选择策略更加接近有机次序概念。理性的、系统的和普遍的排斥虽然更加有利于直观和特定背景下所考虑的外形，但并不新颖；从历史观点来说，目前它一直是作为反对占据优势的生产模式概念的想法而存在的。巴克敏斯特·富勒极力主张设计者摒弃静态思维来支持动态思维。甚至对于勒·柯布西耶来说，严格的标准化是通过模数的动态比例系统来调节的，后来在他的设计生涯中，例如在朗香教堂的设计中，他通过建筑物的精细次序来调节。同样，正如爱德华·福特描述的："……相当大的人性化，是严格与任意标准的对立面"，阿尔瓦·阿尔托支持既与自然世界关联又与本国建筑关联的可选择的工业化概念。为了替代相同构件的重复，阿尔托采用了一个"弹性标准化"的生物学模型，在这个模型中物种的所有成分都是类似的，然而每一个又是不同的。[4] 阿尔托的模型很容易地阐明了数字技术的潜力，创造了基于大量专业化的建筑文化。

在标准类型内部进行无限的变化是可能的。设计者可以操作多样的动态参数并很自由地从设计转移到制作，数字化技术无疑推动了这个进程。正如在《世纪末》期刊上提及的"今日建筑"，"新技术允许设计者整合数据程序，从而产生超越笛卡儿数学的空间解决方案；他们支持自由的形式，这种自由能够对法律作出回应，并因此能解决最大的困难。他们创造第二物质世界——虚拟现实——规定了新的限制因素，他们自己在参数选择和数学程序上都源于数学方法。按照这种方式考虑，有机组织看起来并非像严格控制的程序一样，已经超出了普通的现代边界。"[5] 现在的形式和结构，不再通过事先预定，而是通过多重探究形成，常常以不可预知和令人惊奇的方式接合。这些动态的与不完美的运算法则代替了静态美学，针对真实世界的复杂性，建筑师将这些法则作为更加准确的反映理念而积极地探索下去。

1. Cecil Balmond. "New Structure and the Informal," *Architectural Design* (September-October 1997) p. 88.
2. Ibid., p. 89 for Cecil Balmond's concept of improvised connectivity.
3. Ingerid Helsing Almaas. "Presence of Mind," *AA Files* (No. 39) p. 43.
4. Edward R. Ford. *The Details of Modern Architecture, Volume 2: 1928 to 1988* (Cambridge: The MIT Press) p. 119.
5. "Organique et fluide," *L'architecture d'aujourd'hui* (December 1999) p. 325.

开姆尼茨体育场（1995 年）

体育场作为一种建筑类型，对于新的结构概念的探索产生了相当大的挑战。一般来说，体育场通过观众的观看行为，以及满足良好视线、观众和表演者之间最短距离的需要来塑造精确的形体，调节其形体造型，对于设计者来说，体育场的设计很少有自由的形体。而且，使人体机能发挥到极限的那种运动仪式通常在“强壮”的体育建筑中才能有所体现。开姆尼茨体育场向拱形几何形体与强大的高技术发起挑战。这项工程由建筑师彼德 · 库卡和乌尔希 · 柯尼希斯联合 Arup 公司的结构工程师设计，并于 1995 年在新体育场公开竞赛中获胜，该体育场取得了举办 2002 年欧洲田径锦标赛的资格。尽管不可能，但令人遗憾地是，为了付诸实施，设计保留了最初令人耳目一新的概念思维，以产生它的形式与结构。

田径体育场通常由跑道决定其形式，围绕跑道的座位与屋顶描述了一系列相同的圆圈，这些圆圈总体来说，依次由放射状的结构决定。很明显，开姆尼茨体育场打破了用混凝土几何形体的传统，将动态系统设计作为设计起点，这种动态系统由自然、运转以及竞技性运动项目的不可预知性所激发。设计者将指导设计程序的参数重新定义，并将其从最佳性能和可预言性能移向描述群体系统行为特性的适应性和无限性。代替形式追随功能，开姆尼茨在形式上作为一种自然物而被构思，它具有起伏的地面、森林以及云彩。它的结构是机会主义的而

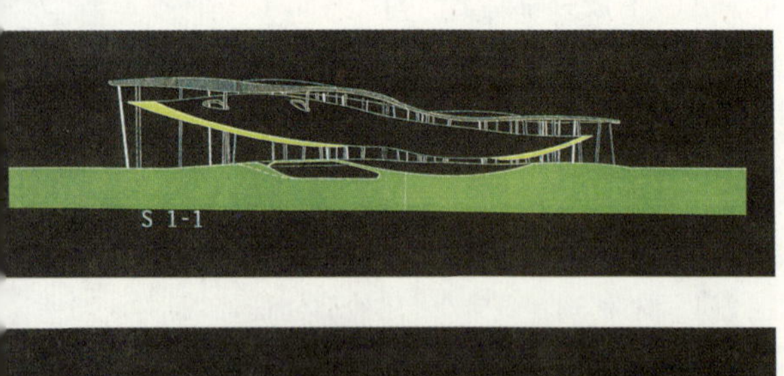

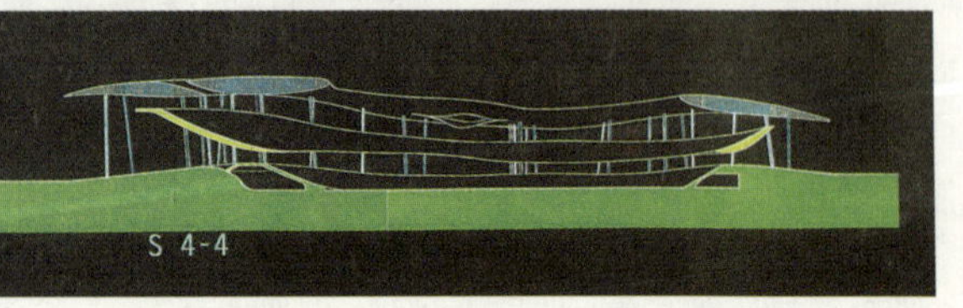

替代同中心的与分等级的次序，体育场的截面揭示了一个有机的形

屋顶的主要结构是不规则的缆索网架，它能够上升和下降以产生一个平面的硬度

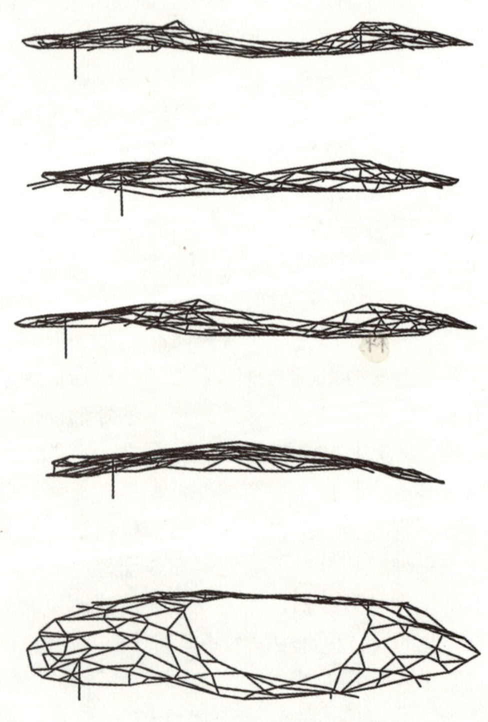

不是理性的；尽管表面上是任意的，出现多层重叠搭接系统，但是这个系统产生的次序并不简单。

座位和屋顶各自被分开的轨道确定，从而松散地围绕在跑道周边，这些轨道既不是同心圆也不是辐射状形式；同样，每个都有一个不连续的结构。座位均被挖空并建造。较低的看台通过地形等高线处理分隔布置，而较高的看台浮动在地面和天空之间。为了制作现场混凝土，梁和正面看台饰板的尺寸变化受浮动造型不规则形体的影响。像云彩一样的屋顶盘旋在由三个结构层组成的地形之上。为了取得扭转刚度和弯曲刚度，最上层——主要的结构层是非线性的任意钢网架，该钢制网架由三角形的格子桁架或者圆形的中空部件制造。屋顶鸡蛋形状的平面从正面看台延伸到很远，并布满整个场地。因为几乎接近场地边界，从而摒弃了桅杆的应用，这种拉紧桅杆传统上起着稳定露天运动场悬臂屋顶的作用，并且曲梁将荷载转移到使它们能很容易传到地面的位置。为了阻止从这些位置产生的扭矩，其他弯曲部分创造了一个能允许上升和下降的网格，以产生一个平面硬度。结构的第二层是T形钢的扁平面——以规则直线或者正方形的网格排列，并从波动起伏的网架上悬挂下来。变化长度的压紧支柱从这个平面下降，为半透明的构造屋顶提供规则的连接节点，并拉紧波状起伏的穿孔隔膜。合理的网格尽管被掩饰，仍然为两个自

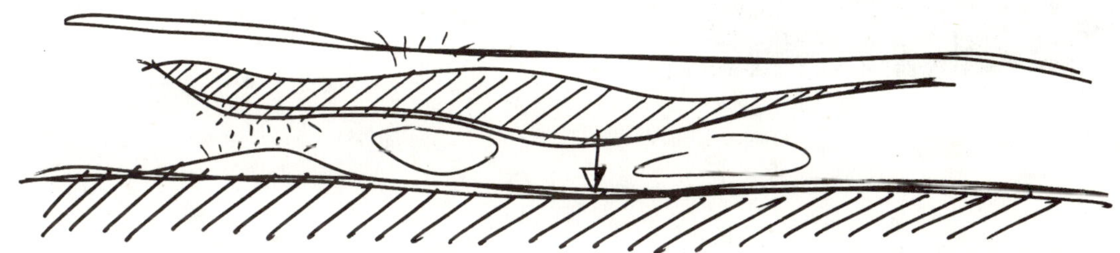

体育场的设计隐喻地面、树木以及云彩

波动起伏的屋顶充满整个场所，从体育场延伸出很远

由形式的翘曲平面提供了关键联系。

在地面和天空之间，管状钢柱森林起着过滤器的作用并提供一系列功能。支柱直径不断变化以准确反映不同的荷载情况。一些支柱通过倾斜加固侧面的屋顶，另一些支柱则在需要加固混凝土的看台位置变成混凝土柱。尽管这些支柱被不规则地安放，支柱位置仍然遵循着潜在的逻辑，这种逻辑由在柱子上面的双重任意旋转网格产生，以此产生地面上的交叉点。这些交叉点连接到那些由不同的参数产生的屋顶网架。就像森林中的树木，最终的秩序看起来很自然：不同角度的或垂直或倾斜的支柱密集地聚在其中一些位置，其他的则被更加广泛地安置在另外一些位置。

开姆尼茨体育场被提议选取的结构在结构和形体上有意不规则。不同的材料和构造方法被组合，并根据实际条件调整来满足当地的条件。替代连贯的笛卡尔逻辑，结构明显通过多层的交叉与独立次序系统任意排列。这种可供选择的次序除了作为概念工具以外，还可以转换建筑空间功能。典型体育场的同中心层被一种不明确性所取代，使用者在空间行走过程中，打开的、变化的结构格局阐释了这种不明确性。在这种机会主义思维方式下，开姆尼茨体育场摒弃了整体理性思维，而实行了形式的灵活组织概念。

半透明的、像云彩一样的构造屋顶被支柱森林支撑

业主：开姆尼茨市
地点：德国开姆尼茨
建筑师：Peter Kulka 与 Ulrich Konigs（德累斯顿 / 科隆）
结构工程师：Arup，伦敦

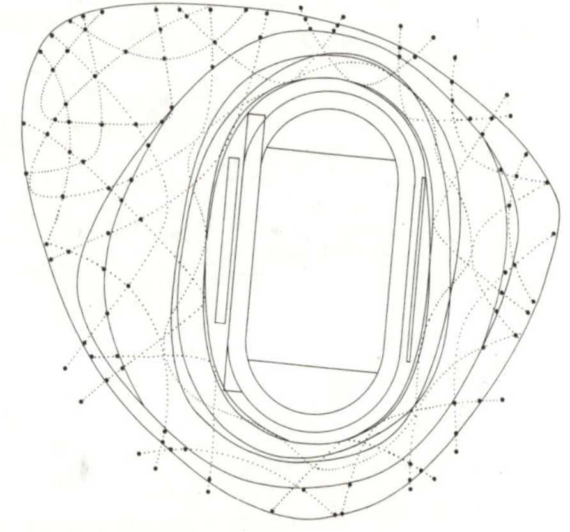

体育场屋顶被一系列孔穴穿过

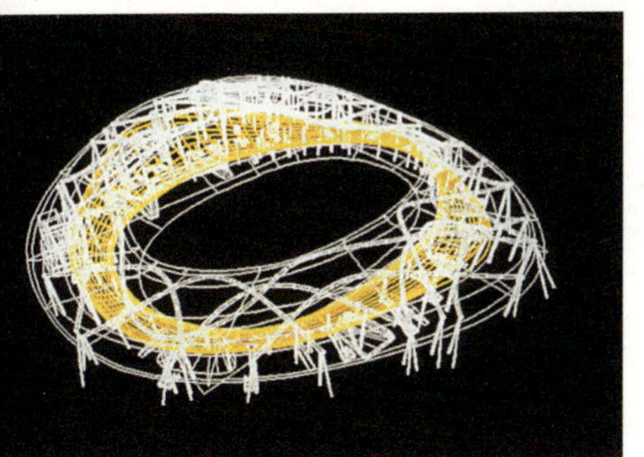

代替理性的几何形体，环形的缆索网架实际上将荷载转移到它们能很容易传到地面的位置

支柱基础通过双重随意旋转的网架安置，支柱正面朝向通过屋顶网架的节点

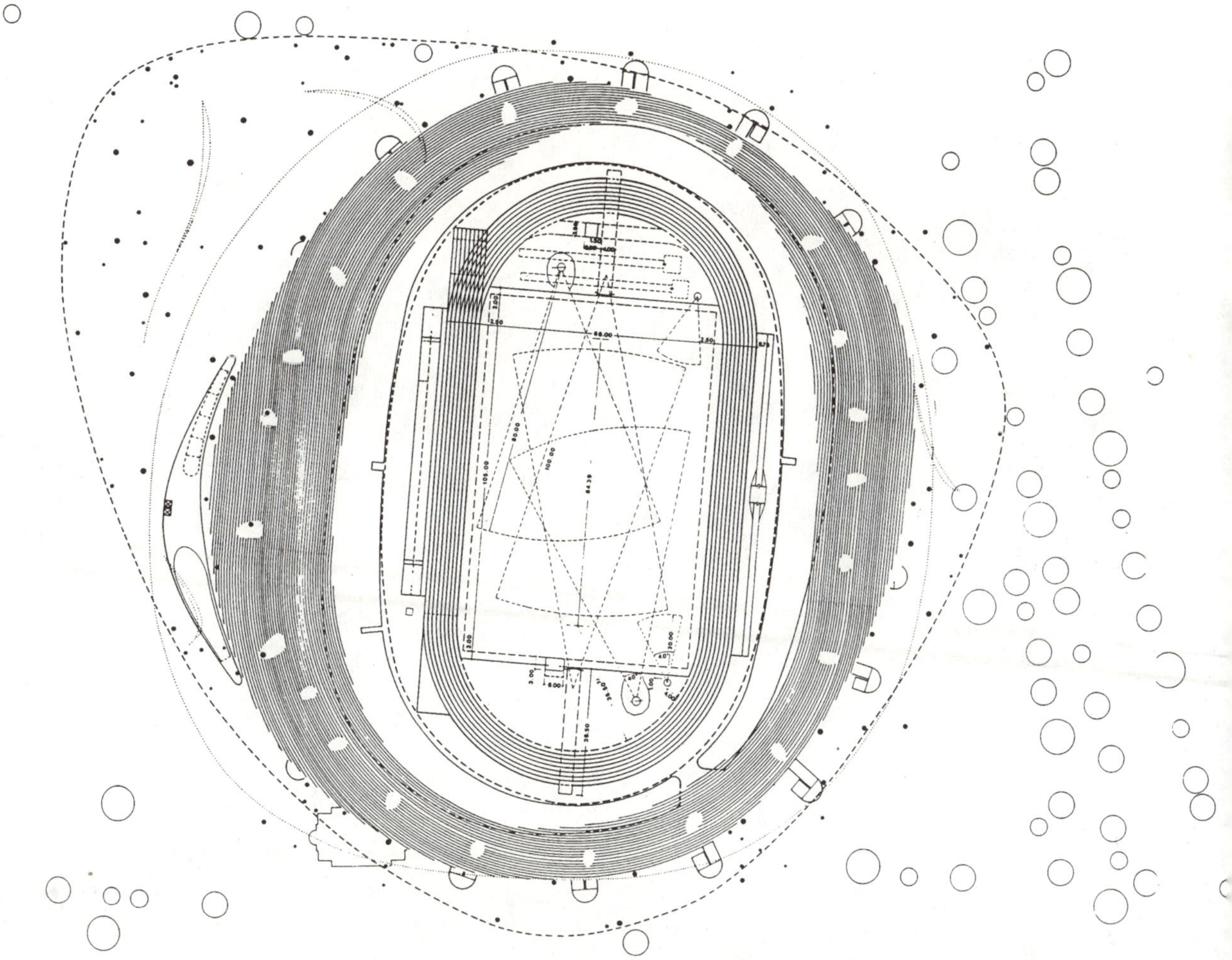

覆盖体育场的形式．胜于同中心的跑道产生的几何形体，产生于重叠独立系统的交叉

仙台媒体中心（2001 年）

层高不断变化，设计者利用不规则的、不断变化的柱间网格形成流动的、没有层次的空间

媒体中心对人们来说仅仅是一种新颖的建筑类型，到如今则变成熟知的建筑类型。但在伊东丰雄和结构工程师佐佐木睦朗的合作设计下，媒体中心这种混合的、可修整的程序变成了一个探究不熟悉空间次序的传播媒介，同时这个媒介经过了伊东丰雄的精细结构限定。通过联合概念上的几何形体和非几何形体模型，设计者试图创造一种不分等级的公共空间，这种公共空间更加具有心理意义与文化意义。仙台媒体中心被委托为东京北部的一些省会城市提供主要的新型城市建筑。它容纳一个图书馆、公共媒体中心工作室、展览长廊以及视听中心。该建筑地上 7 层、地下 2 层，仅仅 21600m^2 的直角体积起源于一种唤醒概念，具有一种迷惑性，建筑形式被伊东丰雄描述为“在水中舞蹈的海草”。在建造过程中，媒体中心被减少到三个必需的要素：平板、管道以及表皮。它光滑的建筑外皮就像水族馆，揭示了佐佐木声称的最低限度纯钢结构的“多米诺骨牌效应”，由波动起伏的水平板组成，这些水平板被成束的垂直钢管刺破。组成构件在视觉上是流动而不稳定的，看起来好像时刻都在变化。

这种流动性在建筑的垂直结构上表现是最明显的。当每一个结构管从建筑顶部“倾斜而下”并一层一层地转换时，均被不同地塑造以及不规则地安放、扩张和缩短。建筑拐角处理地震荷载的四个大型管是双曲抛物面，这个格构桁架提供很大的结构力和硬度，同时保持建

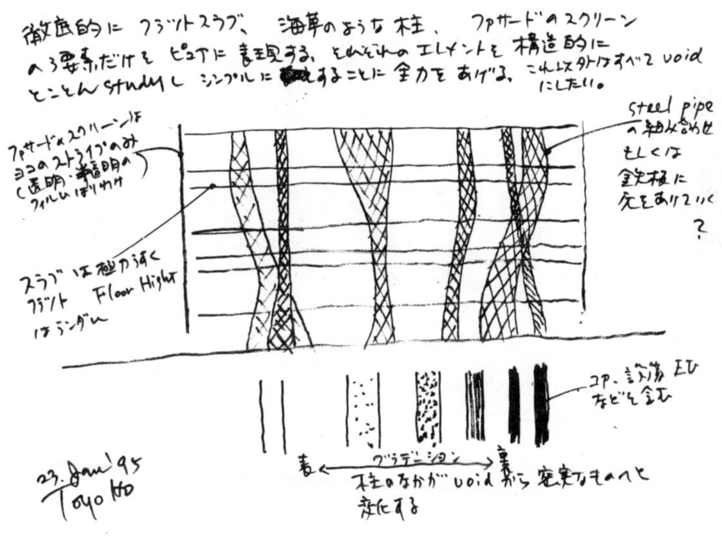

“在水中舞蹈的海草”的概念草图

工人将蜂巢波纹板和构架管柱按照截面的模数预制，并将其运输到现场，在现场焊接装配

筑上的柔韧性和透明性。其余九根管只承载垂直的荷载，是平行的成束钢管，直径 2 ~ 9m，这些钢管被固定在每个楼层的中间高度以防翘曲。所有钢管均具有完全焊接装配的大型量规的中空截面，包括直径 240mm 的地震管和直径 140mm 的其他功能管。这些截面的墙体厚度范围从 9mm 到 39mm 不等，以隐藏外形上的不同，并能处理由偏心导致的不同荷载条件。它们由耐火钢组成，这种钢是一种合金，20 世纪 80 年代末随着在日本市场上日益增加的铬和钼的需求而出现的。这种合金主要应用在停车库，在温度超过 200°C 时，韧度远远超过可锻钢，并且能用在一些没有防火涂层的场合。作为实心柱的对立面，每一根结构管定义了贯穿整个建

结构管不规则地分散，同时它们在层与层之间的中心和直径不断变化

为了处理地震荷载，四角管底部的细部从刚性点阵转换到柔韧的空腹桁架，其中桁架通过铸件钢球和插座轴承连接到基础上

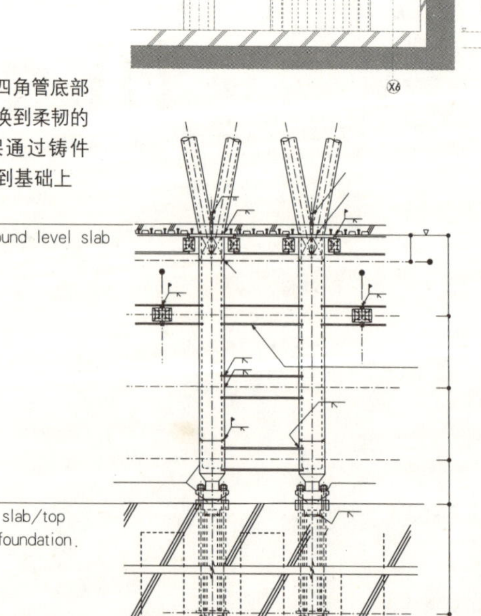

筑高度的中空空间。覆盖着屋顶照明设备，这些空间将光线引入较深的平面、房间电梯以及楼梯，并为管道提供机械服务。结构管利用安装的防火玻璃窗围合与分割空间。

为了继续无规则形式的设计构思，格栅的统一秩序在截面和平面中均被打破。地板任意安放，层高 3.4 ～ 7.9m。为了取得最完美的水平地板，被称为平板的地板是一个基于造船技术的夹心板。令人难忘的是为了将约 20m 的跨度缩短，设计者将 400mm 厚的装配组件焊接在蜂巢式建筑的正面，该装配组件由厚度 6 ～ 12mm 的钢板组成。代替专业钢和柱头，在蜂巢有三个密集区域：没有柱子的区域，蜂巢被组织在 1m × 3m 和 1m × 4m 的格栅中；有柱子的区域，蜂巢被安置在 1m × 1m 的格栅中，连接着朝向最短跨度方向的管；压力集中在管围绕的“圆盘区域”，由厚度 6mm 的肋架构成的、密集的三角形网格有层理地分布在粗制的辐射状的肋骨上。设计者通过开发这种动态理性的地板结构最大限度地减少浪费。

尽管结构管每层的直径与中心都在变化，然而它们的组成部分均被相同地安放，并在地板上打圆形孔。在管的每个楼层高度，设计者通过弯曲的宽缘轴环，将它们安置于顶部和底部两个不同的圆圈内。在地板平面上，钢板将上下不同角度的管之间的荷载转移。在圆形开口周围的圆盘区域，当蜂巢肋骨密度增加时，蜂巢顶部和底部的板变厚，从最初的 12mm 以

与传统的柱子比较，设计的结构管看起来像是具有一定的渗透性

后的 25mm。顶部平板有圆齿的边缘厚度增加到 70mm，该平板向外出挑，以承载垂直管的两个邻接环。尽管接合处最初被作为钢铸件隐藏，但是变化的几何形体让这个构思的成本变得昂贵。因此整个板与管的连接被焊接在一起。

在地下室平面，处理地震应力的结构管从严密的网架变化到空腹构造，并具有一定的延展性。设计者最初打算将处于直径 400mm 的垂直钢管之间的水平梁弄弯曲，同时使其吸收地震能，并减少以不同方式传输到上部结构的能量。其损失很容易通过系统水压活塞进行修复。延展框架通过铸件钢球和插座轴承连接到基础。如果发生地震，第一层周边的接合点可以有效地将上部结构与基础隔离，偏移误差大约 100mm。

地板结构通过 70mm 厚的轻质混凝土顶层隐藏，同时顶层与焊接在平板上的修剪柱头螺栓结合。最后是 185mm 厚的上升地板和 250mm 厚的悬挂顶棚的装配。完全光滑的南立面提供统一的尺度，而且南立面的无框玻璃双层表皮由不锈钢节点支撑，同时带有 1m 通风孔，该通风孔有助于调节建筑环境。然而，结构上缺乏的传统层次与次序系统在建筑内部却被强烈地重复表现。尽管在视觉上水平面通过空间连接，每一层地板好像是自动的，它各不相同的平面和截面均通过不同的涂层材料、光照以及设备完成。

尽管该结构在次序上明显是不规则的和微

结构被有意设计成流动、且不稳定的视觉效果

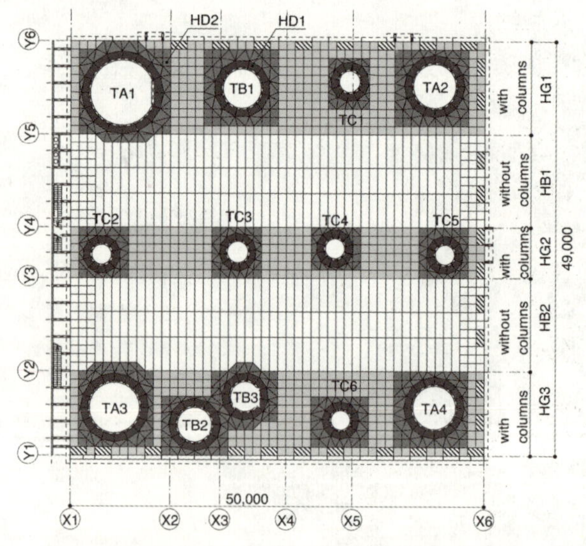

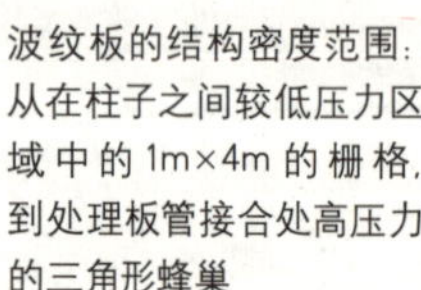

波纹板的结构密度范围：从在柱子之间较低压力区域中的 1m×4m 的栅格，到处理板管接合处高压力的三角形蜂巢

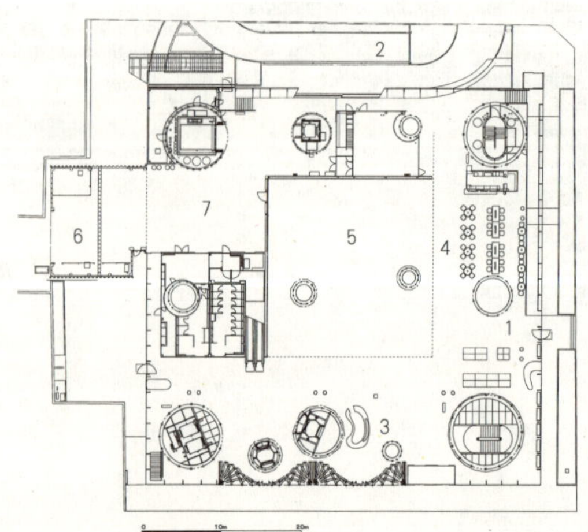

一层平面

1. 入口
2. 通向地下停车库的斜道
3. 服务台
4. 咖啡厅
5. 休息大厅
6. 进料台
7. 储藏间

妙复杂的，但是精密的计算机分析和模拟使该结构的施工设计变得可行。大部分钢是人工制作的，主要通过船舶运输。工人将工厂车间预制的标准部件运输到现场并焊接在一起。代替可以快速装配而且准时交付的预制构件，媒体中心建筑现场变成了一个有着飞扬火花的大型金属车间。它的构造已经超出标准工业化建筑交付系统的领域，伊东丰雄的目标是一个反现代空间——超越多米诺住宅同质与透明特性的范例。

从结构管向下看

业主：仙台市
地点：日本仙台
建筑师：伊东丰雄联合事务所
结构工程师：佐佐木结构设计顾问
机械工程师：Sogo 顾问 ,ES 联合事务所 ,Ohtaki E & M 咨询办公室
承包商：Kumagal,Takenaka,Ando 与 Hashimoto 合资公司

媒体中心建筑微妙的结构联合概念上的几何形体和非几何形体模型，设计者试图创造一种不分等级的公共空间，这种公共空间更加具有心理意义与文化意义

西雅图中心图书馆（2003年）

西雅图新建中心图书馆占据了整个市区范围，它的设计综合了技术、社会、城市共同关注的各个因素。OMA建筑师事务所——与西雅图的LMN建筑师事务所联合的合资企业——已经把他们的设计创意定位于一种关于聚集、储存以及传播信息的意识形态，并作为一种针对侵蚀公众领域的批判，这种影响在北美城市尤其显著。这些协调信息与社会关系的双重规则清晰地在建筑中表现出来——建筑包括五个密集的、利用公共空间点缀的主题平台。在建筑底部，第四大街入口在斜坡较低处，位于下面的停车平台与上面的职员公寓平台之间。与入口相连的城市空间包括一个休息大厅（连接上部入口到第五大街上面的两个楼层）、一个公共礼堂、一个儿童图书馆以及阅览室。主要的上升入口通向城市的“起居室”——一个相当大的供人们闲逛与聚集的空间。集会空间与训练室的第三组密集的主题平台漂浮在起居室上面，并依次为“混合会所”和参考库创造一个夹层，其中参考库是作为信息交易呈递进行构思设计的。图书馆第五层的书籍被安放在最大的平台上，并呈螺旋形通向最上层的城市空间——能欣赏到普吉特湾景观的阅览室。最后，在建筑12层顶部的平台是行政管理房间。

垂直置换的主题平台看起来好像浮动在公共空间的介质内部。主题平台根据功能在水平方向置换调整，在某些地方避开邻近建筑的阴影遮挡，而在另外一些地方则将公共区域作为

建筑形式由一系列片断组成的临时结构构成，而这个结构支撑着由公共空间围合的水平置换主题平台

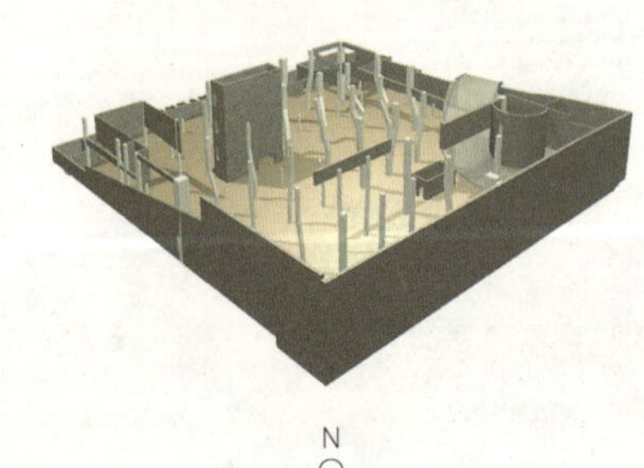

N

特殊的景观走廊。因此，在平面中心带有垂直循环芯的通高中庭通过曲折的公共空间而变得丰富起来，这个空间又通过自动扶梯连接。

为了处理这个垂直位移与水平位移，建筑结构——由 Arup 公司与 Skilling Ward Magnusson Barkshire 公司联合开发——由一系列片断组成。这种结构代替了单一的连贯系统，并且适应当地实际条件，而且对于不同的结构和重叠系统，它更适合于较大变化的荷载条件。最低的三个水平面由现场混凝土建造，其上部构造是一个钢框架与组合板层。重力荷载由垂直与倾斜柱以及构架的混合构造承载。结构网架的跨度为 7.2 ~ 10.8m，仅仅包括东西方向三个共同的格架线，以及南北方向四个共同的格架线。但是格架与其对应柱的位置没有被完全分割；对于所有的三向钢框架主题平台来说，一些格架是公共的；一些格架仅仅通过集会平台与书籍平台分割；一些仅仅通过集会平台与管理平台分割。因此，W14 柱（14in = 356mm 高）的重量范围从 61lb/ft 到 665lb/ft（90.88kg/m 到 989.5kg/m）。

设计者利用构架和成堆的柱子贯穿整个建筑，以处理跨度 1.5 ~ 7.5m 平台的水平位移。构架均安置在平台内部和周界，构架从集会与行政管理平台的单一楼层变化到螺旋书库平台的四个楼层。斜柱从起居室开始到螺旋书库的底部终止，这些柱子的角度不断变化，并且偶尔在层与层之间变化方向。它们最长达 30m，并包括宽缘与组合的钢板（其矩形截面面积

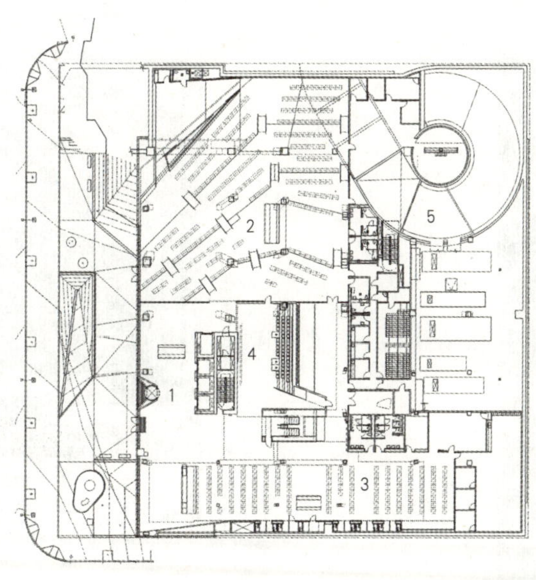

第四大街平面

1. 第四大街入口
2. 儿童图书馆
3. 阅览室（literacy and languages collection）
4. 礼堂
5. 通向地下停车库的坡道

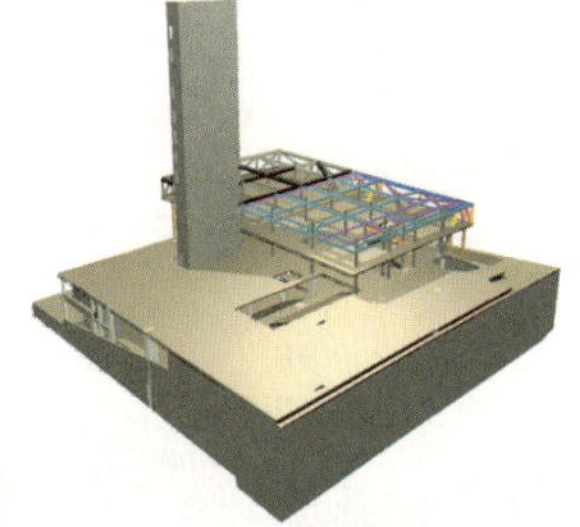
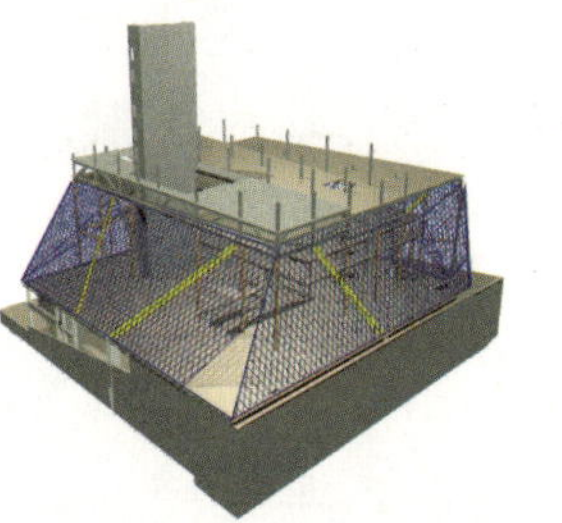
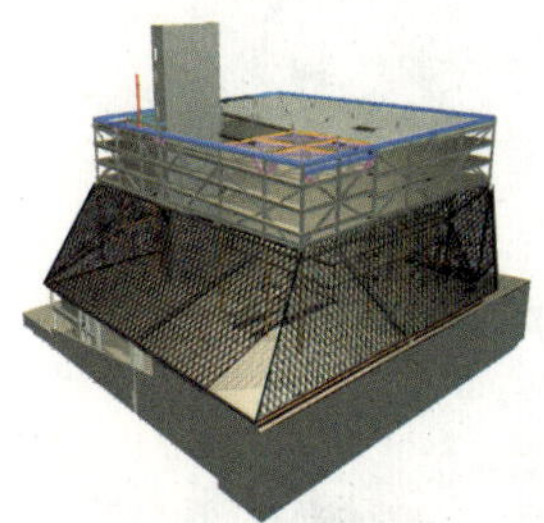
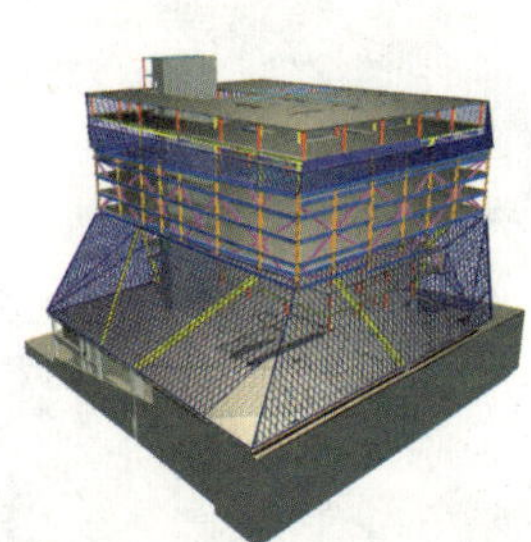

对连续结构的研究

$610mm^2$ 或者 $914mm^2$）。在一些实例中，斜柱与构架合并在一起。这些柱子除承载垂直重力荷载之外，还有助于抵抗由平台偏移造成的建筑物的扭矩。尽管地板是按厚度 75mm 波状钢板上 62mm 厚混凝土的标准构造而成的，但平台内部层高从 3.6m 变化到 4.2m，在公共空间则从 4.4m 变化到 15.4m。承担重力荷载的结构构件附加膨胀油漆、喷射式防火材料以及覆层等构造，可以具有防火性能。

在混凝土基础的最上层，重力荷载从钢柱向上转移到密集的混凝土柱格架。在停车库容纳着儿童图书馆的停车库上方转移平面上没有纵深的转移梁。相反，混凝土柱逐次连接上方和下方不同的柱子格架之间的“节点”，其中混凝土柱的截面面积 400 ~ $1200mm^2$，截面在任意方向均从 5° 倾斜到 30°。

除了彼此相互推动的倾斜钢柱稳固置换体块以外，混凝土垂直循环芯也有助于抵制由于重力荷载偏移导致的旋转和扭曲。这个循环芯与建筑物的菱形网架表皮一起，也抵制了由风和潜在的地震应力产生的横向负荷。网架由共面的 W12×22 截面（305mm 高，32.7kg/m）组成，设计者打算将网架设计成 60° 和 120° 的规则几何形体，同时菱形的每个分支长度均为 1200mm。主题平台的侧向偏移产生一些扭曲面和高压区域，同时这些高压区域局部通过相同钢截面的自由形态进行加固，而钢截面焊接在菱形网架内表面。网架通过螺栓铰接，同时

展开的铝网格插入三个一组的光滑单元空洞中，提供所需要的阴影，并捕获反射光线

建筑表皮菱形网架的原样尺度模型

边缘被焊接以创造临时连接处。网格预制在4.2m×18m的面板上，这个4.2m×18m的最大尺寸很容易通过卡车运送到施工现场。

菱形网架仅仅在规划平台之间起着结构上的作用。在平台的交叉处，复杂螺栓和焊接节点将菱形网架连接到桁架的周边，以取得整体连续性。西雅图的建筑法规允许仅仅抵制地震和横向负荷的结构钢不被保护。因为保证没有重力荷载传输到菱形网架这一点是很关键的——这个菱形网架既要满足建筑法规，又要将构件尺寸最小化——在临时支柱被移走，并且桁架被允许偏转到它们最后的位置以后，才能开始菱形网架与桁架之间的最后连接。

光滑的表皮被清晰的镀铝框架支撑，这种铝框通过没有附属结构的菱形网架直接承载。因为位置倾斜45°到区域的基本方位，在所有立面上所必需的阴影，通过展开的铝网格插入三个一组的光滑单元空洞中才得以实现。除了尽量防止阳光进入室内，网格还将建筑物遮蔽，室内在白天和夜晚均可利用网格捕获反射光。

中心图书馆是一个新型的混合建筑。不再反映相应结构系统中的单个统一的空间层次，设计者将它的每一个平台均单独隐藏。全部结构通过可识别的连续区域直观地设计，在这些连续区域中，有层理的空间提供了连续的荷载路径。除了这些区域以外，每个结构均根据当地条件进行处理。新建图书馆促进了具有主题的、空间的和结构的多元化，成为激发城市差异矛盾的舞台。

业主：西雅图公共图书馆
地点：美国华盛顿州西雅图
建筑师：OMA/LMN，OMA与LMN建筑事务所合资
结构工程师：Arup，伦敦与洛杉矶，以及Skilling Ward Magnusson barkshire（工程记录）
设施工程师：Arup，伦敦与洛杉矶
幕墙顾问：Dewhurst Macfarlane及其合伙人
总承包商：Hoffman施工公司
钢转包商：安装公司(The Erection Company)
玻璃装配转包商：Seele有限两合公司。

剖面

1. 停车平台
2. 第四大街入口
3. 起居室
4. 聚会与训练室平台
5. 混合房间
6. 螺旋书库平台
7. 阅览室
8. 行政／办公平台

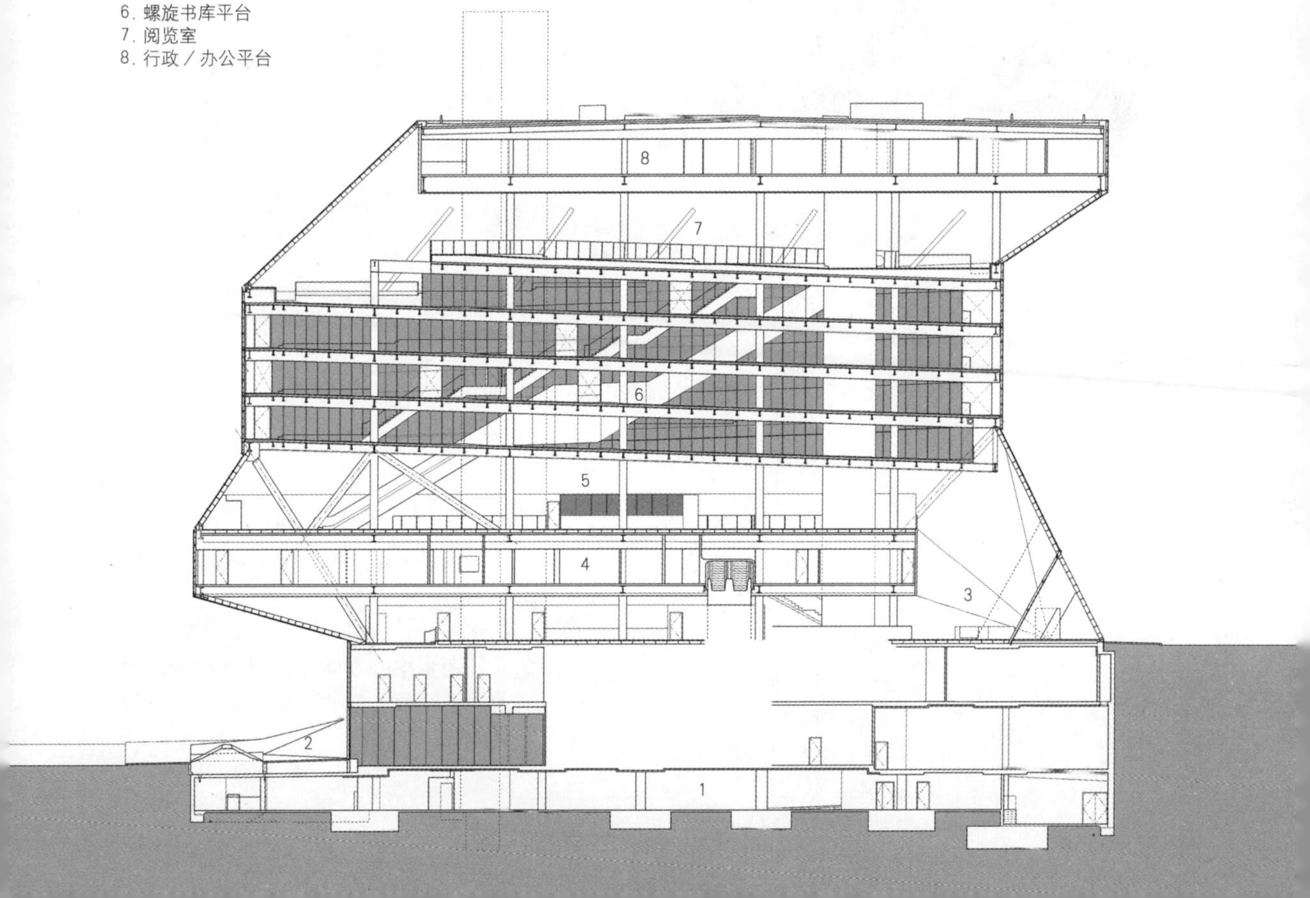

混合材料系统

葡萄牙国家展馆，
1998年博览会，里斯本，阿尔瓦罗·西扎。
混凝土顶棚的加固构件，通常被隐藏，现在却被设计者清晰地表达出来

在建筑构件接合处的进化平衡远远比在数学权威和对材料的经验主义理解之间的进化平衡要明显得多。通过合并可以计量的结构力（这种结构力具有一定的物理属性与构造方式），接合处变成肯尼思·弗兰姆普敦声称的“……一种构造的浓缩；……一个以部分体现全部的交接处……”[1]弗兰姆普敦在这里明确提到了关于卡洛·斯卡帕的工作，卡洛·斯卡帕制作的接合处的清晰度——通过在1981年设计的大众银行中铁和（锌与铜合成的）蒙知合金线脚得以体现——以抵制工业化作品流行思潮形式的工艺为楷模。但是这种描述可能也适用于对材料以及材料之间的接合处的考虑，这种接合处明显存在于同时代的工作范围内。

结构工程师彼得·赖斯的工作推动了这种可能被争议的观念。他对接合处的迷恋开始于蓬皮杜艺术中心的悬臂钢铸件，他寻求结构功能与材料科学以及生产方法的兼顾，同时兼顾美学上的考虑。赖斯观察悬臂，谈到“它的形状几乎是它内部结构力的外在表现。铸件需要通过顶部和底部的厚度得以展示。顶部和侧面的空缺形状通过建造的顺序形成。……铸钢的应用决定着设计的本质，即组成构件仅仅短暂停靠在不连续节点的地方，每一片铰接的装配构件是分开的。正如在音乐中，音符之间的空间阐释其音质，在这儿构件之间的间距阐释了建筑比例。”[2]在蓬皮杜艺术中心影响下，赖斯对建筑接合处的探索依次从钢材料到包含普通的材料展

葡萄牙国家展馆。
顶棚和建筑扶壁之间的连接

开，最终发展了一系列有影响力的混合结构。

因此，当前在建筑和工程上的改革不仅集中于复杂的序列系统，而且随着赖斯研究工作的展开，还集中于混合材料系统，在混合材料系统上钢不仅仅是主要元素，还是支撑元素。假如钢具有可伸长的性能和连接强度，则证明了钢从结构价值到材料价值更广范围的通用性。当然，人们对于钢的支撑作用并不陌生；这一点通过在文艺复兴时期应用铁链抵制石制穹顶的推力就被证明了。对现代建筑更有意义的是，设计者将钢应用在钢筋混凝土上，将张力性能加到本身仅有压力性能的材料上，从而很大程度上增加了钢的跨度和塑性范围。在这里，设计者通常将钢隐藏起来，钢的强度得到开发，却并没有展示出来。但是像在菲尼克斯中心图书馆这样的工程中，混凝土和钢是对等的组成构件，每一个构件都被清晰地表达展现，同时因为彼此的强度而相互依赖。

作为表达这种合作关系的典型建筑是1998年里斯本展览会中的葡萄牙国家展馆。展馆由阿尔瓦罗·西扎和Arup公司联合设计，大帐篷构成一个天篷遮蔽下的室外广场。这个天篷由现浇混凝土构成，在重型混凝土柱之间的跨度是67.5m。天蓬主要构造是最大下垂度3m的浇铸悬链线，并通过100个拉紧的钢筋缆索支撑，这些缆索均容纳在厚度200mm的天蓬内。为了强调悬挂隔膜在视觉上的轻盈性，混凝土在建筑扶壁交接处被切断，日光充满墙体，并展现着外套不锈钢的悬索。因此通过暴露这个铰接连接，钢在细长混凝土结构上所起的基本作用通过这个连接被清晰地表达。

尽管钢弥补了混凝土的弱点，但混凝土也可以用来克服钢的主要缺点，即钢本质上耐火性差的缺点。尽管一直以来在混凝土内埋入钢可以起到防火的作用，但最近由尼古拉斯·格里姆肖建筑事务所和布罗·哈波尔德（Buro Happold）联合设计的工程对这个问题有了全新的见解。伯明翰的“千禧点”容纳了一个博物馆、一个技术学习中心、零售商店以及休闲设施。它5个楼层的复合钢和预制的混凝土结构均以最大的塑性设计。柱子上安放9m的网架，而且柱子是直径457mm、通过内部充满混凝土加强的钢管。地板通过利用钢柱截面的栅格构成，在栅格中心是最小3m的网格，最大6m的网格区域位于每个结构凹进处的中心。柱梁连接处通过专门设计的十字形钢柱头铰接，正如在加强的平板层中，起着抵制剪力的作用。厚度315mm的预制混凝土楼板支架支撑在平板上，而这个平板固定到钢梁的下边缘，并与梁联合作用，根据柱头的构造提供所需增强的强度。柱周围3m×3m的区域——传统上，不宜在钢筋混凝土结构上开洞——很容易因为穿透的需要而被穿孔，并且对于楼梯、卫生间以及机械设备来说，3m×6m的区域是较理想化的。高等排气设备分布在活动地板上。由于有混凝土，钢结构在完成的建筑中可以被清晰地表达出来，所以该建

千禧点，伯明翰，尼古拉斯·格雷姆肖事务所，2001 年。复合钢和预制混凝土结构

公墓，伊瓜拉达，恩里克 恩里克·米拉勒斯和卡莫·皮诺斯，1996 年。生锈的钢网状膜面保护着护墙上的粉碎石块

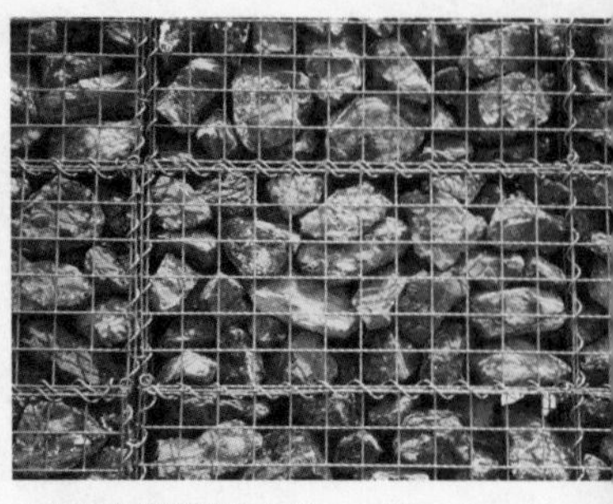

多米纳斯葡萄酒厂，Yountville（旧金山北部），加利福尼亚州，赫尔佐格和德梅隆，1998 年

筑没有附加覆层与铸件就能满足耐火等级。完全预制的系统以最快速度竖立，并按照未来的适应性进行控制处理。

钢的拉伸性能也激发了石构承载的适度复兴。彼得·赖斯期望通过钢框架将石头转换为单纯的覆层材料，证明石头作为结构材料仍有潜力，1992 年塞维利亚的未来展馆精致的石构立面就是来源于彼得·赖斯的这种想法。在这一巧妙的合作关系中，延伸性的钢索式结构导致了拱上的压力。这项工程也依次激励了其他工程项目。1995 年，在剑桥伊曼纽尔学院的皇后建筑（由迈克尔·霍普金斯事务所和布罗·哈波尔德联合设计）中，承载垂直荷载与横向荷载的石框架通过对每个石柱上直径 32mm 的不锈钢杆后加拉力得到稳固。安置在每层楼板预制块上的不锈钢环起着固定不锈钢杆的作用，从而使结构依赖于钢和外面的石质构件。最近伦佐·皮亚诺工作室设计的帕德里·皮奥教堂证明了在更大尺度建筑上这种混合系统具有的潜力。

在这些具有后张拉力的圬工结构中，石头是一个容纳钢的容器。但是随着石头由表皮网架支持，它的这些作用在最近的一些工程中被完全倒转。土木工程师为保留结构而开发的由石头填充的堤墙，现在在建筑设计上发展应用。由恩里克·米拉勒斯和卡莫·皮诺斯设计的伊瓜拉达墓园（1988～1996 年），钢网状膜面生锈，并通过变形的方式表达后世的压力，以及塑造死亡山谷的感情片断。如果同样表达巨大的感情力量，与伊瓜拉达墓园建筑形式构成鲜明对比的是，赫尔佐格和德梅隆设计的多米纳斯葡萄酒厂（1998 年）的镀锌钢金属筐的几何形体是相当质朴的。正如自然遵守于灵魂的构架，粗糙、不规则的玄武岩也符合理性的逻辑。

除了石构建筑新生的结构潜力——最脆弱的建筑材料之一——钢的延展性能与其连接强度已经改变了人们对大部分同时代材料——玻璃的理解。玻璃不仅仅作为纯粹的覆层，如今日益应用在结构上。特别是两个工程——1975 年 Willis Faber Dumas 和 1986 年拉维莱特（La Villette）城市科学博物馆暖房的无框悬挂光滑表皮——开始了玻璃结构的利用，致使多余的钢和铝竖框在中世纪对于幕墙是很重要的。尽管玻璃比钢具有更高的强度，但当玻璃遭受弯曲和扭曲的时候，它的结构性能因为易碎性而受到限制。这个弱点也被钢所克服。由工程师赖斯·法兰西斯·瑞彻为拉维莱特开发的铰接螺钉，从 Willis Faber 建筑的修补设备发展而来，能够吸收这些应力，并且与缆索桁架一起使玻璃能够抵制动态的风力而没有破碎，这些铰接螺钉带有围绕杆自由旋转的球形柱头。

类似这样的开发激励着改革的继续。在福斯特建筑事务所与詹姆斯·卡彭特联合设计的水塔广场（Tower Place）中，悬浮玻璃中庭幕墙代替了处理风压的缆索桁架，表现了相当出色的材料特性。在这里，抵制负风压的缆索容纳在抵制正压的玻璃圆柱体内。由约尔格·施

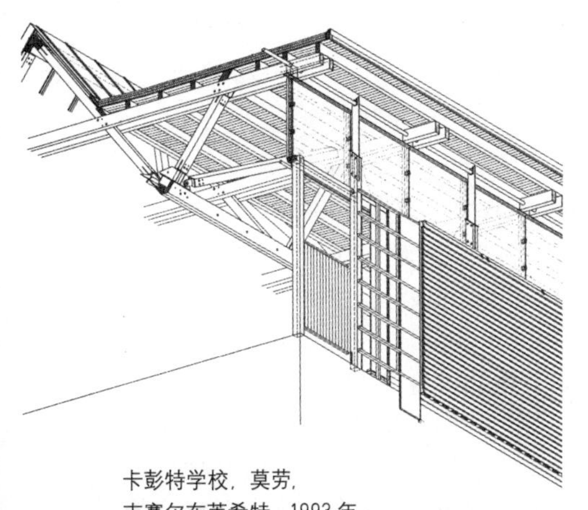

卡彭特学校，莫劳，
吉赛尔布莱希特，1993 年。
屋顶与墙体的连接"延迟"了结构荷载的传递

瑞士展馆，2000 年博览会，
汉诺威，彼得·卒姆托，
通过对钢杆实行后张拉力，
木材呈压缩状态

莱希设计的一系列巨大的极简屋顶几乎实现了理想的非实质隔膜——屋顶通过钢缆索精细的鼓风机支撑光滑的格架外壳。而且在两个已经建成的最大的表皮中，因为钢的结构性能，隔膜材料的应用具有很大的争议。伊甸园项目中ETFE 覆层的可测量结构与千年穹顶的膜面覆层缆索网架结构,均在"几乎没有"方面取得成功，这些结构甚至比它们围合的空气重量还要轻。

尺度范围的另一端是能够提高木材性能的金属的应用。在皮亚诺和赖斯于 1981 年设计的 IBM 展览馆中，其铝连接铸件在胶合板支柱与聚碳酸酯角椎之间提供了关键连接，激发了大量创新的混合结构。恩斯特·吉赛尔莱希特（Ernst Giselbrecht）于 1992 年在澳大利亚莫劳（Murau）设计的卡彭特学校，清晰地表达了木料构件之间的连接，讽刺了将构件分开的做法。仿照卡洛·斯卡帕，吉赛尔莱希特（Giselbrecht）玩了一个非常诱人的"延迟"结构荷载传递的游戏——一个可以让人们清晰地看见从屋顶到墙体连接处的娱乐。[3] 在汉诺威 2000 年博览会上，由彼得·卒姆托设计的瑞士展览馆，密集地虚积材墙体通过特殊的后张钢杆形成坚固的物体，其中钢杆被拉紧用来抵制绿色木材干枯时候的收缩。在这个神秘结构中，设计者用装配木材和钢的方式来表达每种材料的自然属性、结构角色以及它们随着时间流逝的变化。

最近的混合材料系统的增生现象，通过探索金属怎样与其他材料联合为构造地质学提供了肥沃的研究土壤。遵循着密斯·凡·德·罗声称的对材料的"恰当的应用"，这些混合结构是一种最优化形式，以这种混合形式，每种材料在结构上被最有效地利用和被表现。很明显，设计者和制作者之间密切的协作，促进了这种材料的多种性能，随着日益增加的精确数字化工具的设计、分析以及构造，材料将被开发更多的性能。在生产主义的新循环中，混合材料的检查提供了强硬的论据，这种论据从工业化大量生产的无特性混乱状态中移动出来，进入一种更大的理解中——这种理解不仅针对数学和材料科学，还针对所表达的蕴涵诗意的构造尺度。

1. Kenneth Frampton. *Studies in Tectonic Culture* (Cambridge, Massachusetts and London, England: The MIT Press, 1995) p. 298.
2. Peter Rice. *An Engineer Imagines* (London, Zurich, Munich: Artemis, 1994) pp. 33-34.
3. The concept of "postponing" the transfer of structural forces is developed by Kenneth Frampton in the discussion of the work of Carlo Scarpa in *Studies in Tectonic Culture* (Cambridge, Massachusetts and London, England: The MIT Press, 1995) p. 309.

菲尼克斯中心图书馆（1995 年）

开姆尼茨中心图书馆由布鲁德与 DWL 建筑规划事务所合作设计，它犹如一个纪念碑。建筑形式上受岩石台地的启发，强调沙漠景观，6 层的铜覆层建筑提供了丰富的城市空间，同时证明了这个能减轻沙漠严寒气候的设计是多么具有思想性。主要空间将光照引入平面的深处并为垂直交通提供中心，同时连接一层接待处、参阅台、具有 3 层楼台的公共集会房间以及顶层一个 2 层高的阅览室。这个灵活空间的大尺度地板面积，范围从 3800m^2 到 5100m^2，其侧面与固定疏散楼梯、卫生间以及机械车间相接。这些服务区域遮挡了通长的东西立面。南立面可调节的水平铝制百叶帘与北立面固定的遮阳蓬形成阴影，将完全光滑的端部立面保护起来。

平面通过钢和混凝土的混合结构得以反映。布鲁德认为预制混凝土是 20 世纪美国西南部的本土材料，在那里它被广泛应用在仓库、大桥以及停车库中。对于图书馆楼层的开敞式平面布置，预制系统由支撑 9.8m 网格的柱子（直径 600mm）组成，网格由从南到北 600mm 宽、950mm 高的桁架构成，并承担着预制枕梁的荷载。地板由厚度 600mm 的预制工形材座构成，这些工形材横跨在桁架上。对于东向和西向立面，工形材承载在侧面 300mm 厚的混凝土墙体的槽座中，该混凝土墙由 2.4m 宽、8.4 ~ 11.45m 高的面板制造。设计者用螺栓将混凝土墙体的外部表面固定在悬挂着的对角支撑钢框架上，这个悬挂框架提供在预制墙体竖立过程

纪念性图书馆是这个低密度沙漠城市的里程碑

在东向和西向立面庞大的铜覆层上，其入口通过较深的切割标记出来

中的临时支撑和永久的横向支撑。混凝土和钢结构系统全部实行标准化构件。

设计者清晰地规划图书馆功能，以阐释建筑的服务和被服务空间，从结构上说，人们很容易从提供侧向稳定的框架中辨别出承载书籍重量的框架。在顶层的阅览室，混凝土和钢结合合并使用。锥形的“烛台”混凝土柱承载着没有固定尺寸的结构，该结构又支撑着屋顶。通过套筒钢管支架加固的柱子，被浇铸在双重弯曲的钢框架上。焊接的钢板柱头连接着缆索桁架，该缆索桁架由直径23mm的钢索和直径87mm的支柱管组成，并朝向下部地板结构网格弯曲了45°。缆索桁架横穿东、西混凝土墙锚固在悬挂的钢框架上。在建筑南北两端，无尺寸

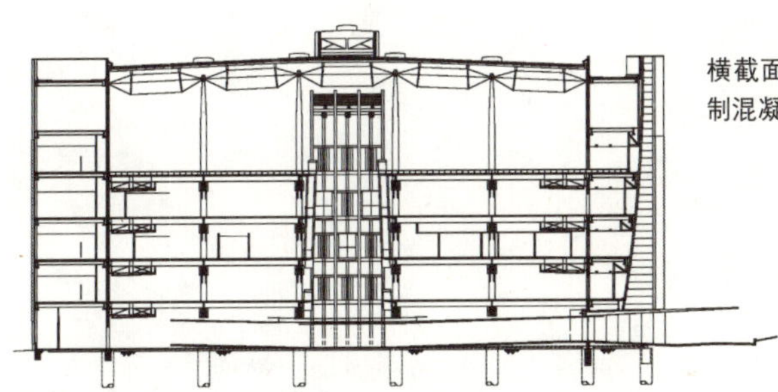

横截面显示了悬挂在钢框架侧面的预制混凝土结构

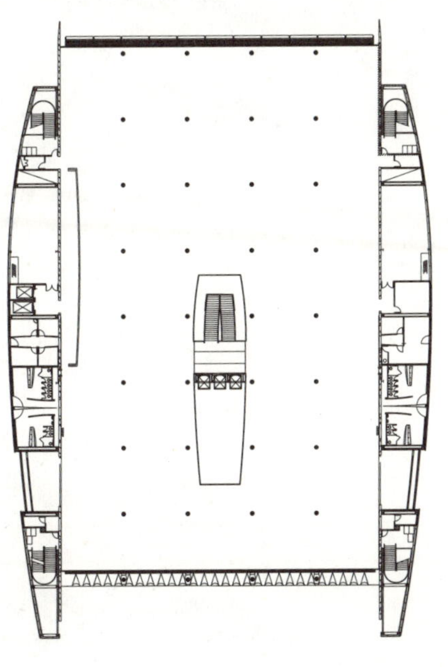

典型楼层平面

波动起伏的铜覆层的拐角细部

限制的结构被直径350mm的钢管梁拉紧，同时此钢管梁连接柱头，并且每一端均用螺栓固定在混凝土墙体上。为了强调波动起伏的钢板是通过张力支撑，400mm×200mm的管状钢梁横贯在建筑中央4.9m高处，并被安置在柱子之间而不是上面。浮动的屋顶平面进一步通过一圈屋顶灯光加以强调，因为屋顶光线均从柱子以及屋顶线性天窗直射出来，而这些线性天窗将屋顶从混凝土墙分开隔离。这种可拉长的表达方法在北立面遮阳蓬外形上被重复利用，在那里膜面网格被夹在铝板条裂缝之间，而铝板条的裂缝在适当的位置又通过水平的拉力缆索锚定到混凝土墙体的侧面。

因为在历史上，铜对亚利桑那州的经济起着重要的作用，所以布鲁德（Bruder）用铜作为图书馆的覆层。为了避免额外的成本支出，在内布拉斯加州，布鲁德与农业建筑建造者共同工作，以开发穿孔的并且能够波动起伏的铜制模型。引进德国供应的旋转薄片，建造者生产的铜覆层大约每平方英尺18美元，仅比装饰用的灰泥贵1美元。在图书馆东向与西向立面上——每个球形区域的尺寸——铜表皮阐释了建筑庞大完整的特征。表面连贯性仅被作为主要入口的切口打断，这些入口是用1.2m×3m的不锈钢墙板制作的，并且呈不锈钢墙板线性排列。在墙体不透明的区域，轻规格的钢螺栓框架被外部的等级石膏板、防水隔膜以及具有V形凹槽的铜覆盖，这些铜片中心很薄并且很

工人们首先竖立钢框架悬挂结构，为预制混凝土提供横向支撑

在铸造场，预制混凝土墙板手工制造

农业建筑建造者将铜板变得波动起伏

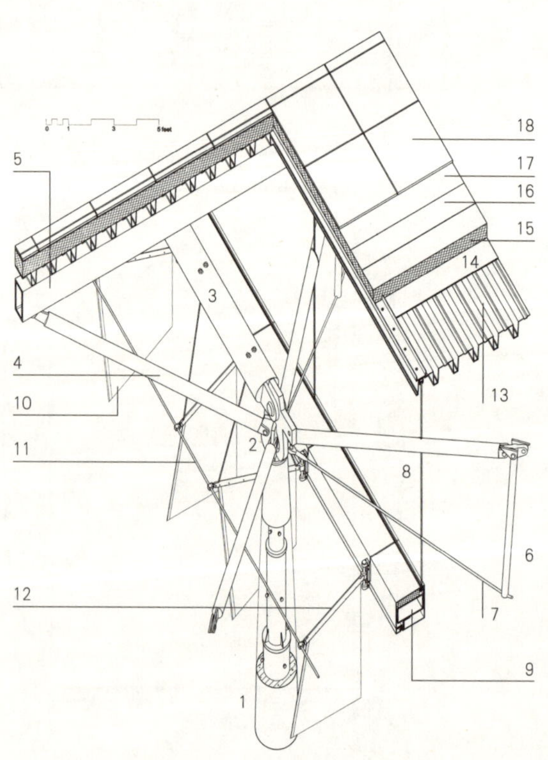

烛台支柱与无一定尺寸限制的结构屋顶的细部

1. 最大直径600mm的预制混凝土柱，同时带有压缩的钢管核心
2. 焊接的钢板柱头
3. 直径350mm的附加硬管
4. 125mm附加硬管
5. 在中央4.9m高度处，400mm×200mm×8mm厚的RHS
6. 直径88mm的CHS压杆
7. 直径23mm的钢缆索
8. 15mm厚的锥形玻璃
9. 在竖立的铝框架内，200mm×400mm的RHS刚性元件
10. 膜面遮阳篷
11. 直径23mm的镀锌钢绳
12. 直径63mm的铝板条裂缝
13. 深度175mm的起伏钢屋顶甲板
14. 3mm厚的石膏板
15. 175mm的刚性绝缘
16. 单一的隔膜板层
17. 3mm的保护板
18. 混凝土铺路石

锐利。相反，穿孔铜片被滚轧呈传统的正弦曲线轮廓，并应用于外部疏散楼梯，这种铜片正好适合于机械设备房间大面积通风的要求，同时用作盥洗室的私密窗户，提供了特殊的城市景观。随着时光流逝，铜会逐渐长出绿锈，在干燥的气候下，这个过程需要若干年。随着天气变化，它将从最初像周围山脉颜色的黯淡紫褐色，变成像佛得角的绿皮树一样的浅绿色，佛得角的绿皮树为沙漠本土植物，布满整个城市。图书馆是一个重要的新建城市建筑，它对于菲尼克斯的市民生活具有重大意义，设计者通过对建筑细部的仔细考虑，将这个建筑与沙漠城市的历史和景观有机地联系起来。

在阅览室每个接近屋顶的支柱均被细化，以保证在夏至日阳光落到支柱柱头，从而更多地进入室内

业主：菲尼克斯市
地点：美国亚利桑那州菲尼克斯
建筑师：William P.Bruder 合资公司，建筑师与 DWL 建筑设计规划
结构工程师：Arup，洛杉矶
设备工程师（方案设计与设计开发）：Arup，洛杉矶
设备工程师（施工文件与管理）：Baltes/Valentino 联合事务所
土木工程师：Hook 工程
景观建筑师：Martino 和 Tatasciors
结构构造：FTL/Happold
成本：西南施工咨询公司
日光：Tait 太阳公司
照明：照明动力
总承包商：Sundt 公司

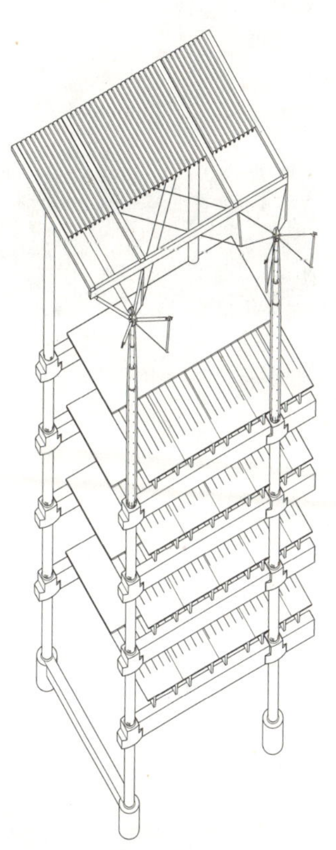

带有无一定尺寸限制的预制混凝土结构系统

阅览室屋顶结构没有固定尺寸限制，它朝向下方地板的预制混凝土梁和工形材板弯曲了45°

伦敦皇家阿尔伯特赛艇码头中心（1999 年）

皇家阿尔伯特赛艇码头的船库坐落于伦敦东部过去的港区内，并位于新的 2000m 奥林匹克划船跑道的终点线。这个位置处于伦敦城市机场、船坞以及码头区轻型铁路抬高的轨道之间——一个伴随着连续不断的环境问题的区域，例如恶意破坏公共财物的行为、在墙壁等上的涂抹乱写以及腐蚀性的喷射汽油蒸汽。在这个具有挑战性的位置，伊万 · 瑞彻建筑师事务所将建筑设计得具有防御性，与它所容纳的划船外壳一样精致。

设计者为了在辽阔的人工地形中增强面积 1340m^2 建筑的存在性，利用两个厚重的石墙体延长场所的长度，呈现地下设施的规模。在这些防护的墙体之间，船库通过浮动的屋顶表现出来。建筑师最初考虑膜面屋顶，后来证明这种材料太过脆弱。为了使坚韧的材料显得轻盈，设计者研究了缆索支撑的金属片悬链结构，但是如果抵消迎风位置的升起，将需要 8 ~ 10mm 的厚薄片。尽管已建成的结构在形式上遵循这些张力概念，但它是一个带有刚性倒拱檩的支柱－梁框架，而且檩支撑着具有结构隔膜和覆层作用的不锈钢板片。

从结构上来说船库反映了船舶的线性特征，该船库至多容纳 80 个八桨划船队。三个较长的存储带通过 219mm 的管状钢柱固定在 6m × 5.6m 的结构格栅上。柱子支撑着船支架和屋顶，同时格栅提供跨越宽度 6m 存储带的足够的存储与机动空间，并且该空间沿着外壳的长度支撑

随着混凝土地基梁的完成，钢柱、纵向梁以及桁条被依次竖立起来

工人将可调整的船舶支架支托在主要结构上

3mm 厚的不锈钢钢片屋顶既是结构隔膜又是覆层

没有附属结构的八桨划船队、四桨划船队或者两桨划船队的船库容积。船舶承载在主要结构上，因此不得不最小程度地减少船库中的各种沉积物。拙劣的地形条件要求在建造之前，首先布置 2m 超载物达 6 个月之久，以预压地形及限制最后沉积物。柱子基础之间的偏移距离均不相同，其最大限度是 50mm，这些偏移通过船支架上垂直的调整机械装置得以调整。

支柱的垫式基础通过由现浇钢筋混凝土地基梁（截面 1000mm 宽、200mm 深）组成的格栅连接。最外面的基础由于承载着钢框架和石墙体，截面增加到 2200mm 宽和 1000mm 深。支柱的顶部通过直径 219mm 的管状纵向钢梁连接。被制作成径切曲线的 T 形钢从梁到距离中

结构的分解轴测图

1. 石墙体
2. 钢柱 / 船舶支架
3. 屋顶梁和檩条
4. 不锈钢屋顶板

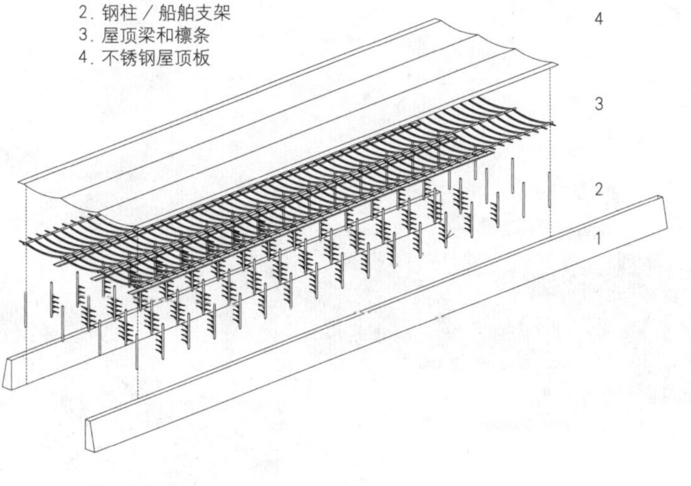

结构横截面

1. 钢筋混凝土地基梁 100mm 宽、200mm 深
2. 钢筋混凝土地基梁 2200mm 宽、1000mm 深
3. 石墙体的钢框架和横向斜支撑
4. 管状钢柱
5. 管状钢的纵向梁
6. T 形钢檩条
7. 不锈钢板 / 横隔板

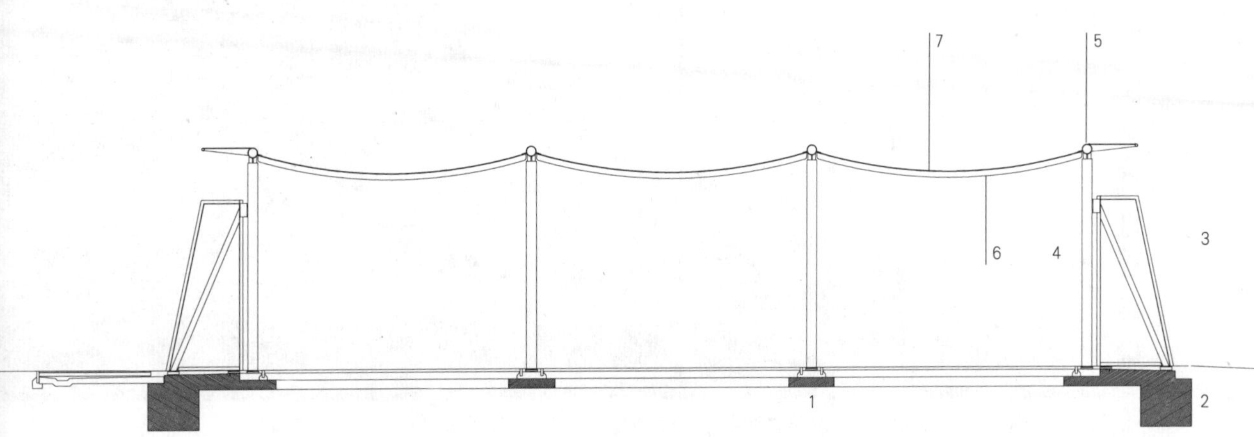

心 1.4m 的梁，横跨整个船库。沿着外壳的长度，在两个存储带上的斜支撑提供了横向的稳定性。在横截面处，距离中心 5.6m 的斜支撑隐藏在支撑石墙体的框架内，并由支柱托架支撑。为了处理支撑柱产生的偏心距，两个外排的钢柱形成 20mm 厚度的墙体，与内部支柱墙体的 5mm 厚度形成对比。

在所有立面，石头均通过垂直的、通高的钢绳系住的钢带被限制在镀锌网状膜面内，并且排列间隔 1.4m

屋顶表皮是 3mm 厚的不锈钢板，跨越在球座之间。钢板被预先钻孔并用螺栓固定在距离中心 150mm 的球座上，它使所处位置变得平坦，并在它们的自重下形成曲线。聚丁烯条密封在不锈钢表皮和镀锌框架之间，同时被预先钻孔的塑条带起着垫圈的作用。由于不需要做成隔离或者防风雨的屋顶，所以不锈钢隔膜看起来

每个屋顶水槽起着扁平排水沟的作用，在船库的每端将雨水导入隐藏在滑行门后面的矩形水槽和内部落水管内

像纸一样薄，然而它却提供了结构隔膜与足够承担行走荷载的硬质表面，这个硬质表面还能抵制石头或其他投掷物的影响。

船库北向和南向立面3.5m高的石墙体在基础位置厚度为1500mm，然后逐渐变薄，在顶部位置厚度则为750mm。每一个墙体均由单纯的不锈钢网格板通高围合，并以1.4m的间隔排列布置。在支柱上镀锌球座框架通过斜支撑加固的位置，50mm×100mm的网格被焊接到呈连续状态的、尺寸40mm×10mm的扁钢上，扁钢将荷载分散，并抵制螺栓固定到框架连接处产生的剪力。在支柱之间，网格完全限定在处于内部墙体与外部墙体表面上的凹槽内（凹槽尺寸：40mm×25mm×3mm），而墙体通过钢

石墙延伸出外壳很远以呈现出地下设施的规模

周边与内部屋顶梁的细部

1. mm：219×20×98kg 的 CHS 支柱
2. mm：219×5×26kg 的 CHS 支柱
3. 在 20mm 厚的钢板上，螺栓将十字形垫凳固定在柱头的隐藏钢板上
4. mm：219×12×63kg 的 CHS 梁
5. mm：219×8×41kg 的 CHS 钢梁
6. 焊接到梁上的 100mm×10mm 的连续钢板与在距离中心最大 150mm 处由螺栓固定的被预先穿孔的连接
7. 在距中心 1.4m 处，mm：102×127×11kg 的异型的 T 形桁条
8. 用垫片填的聚丁烯密封条
9. 3mm 的不锈钢片
10. 在距中心 1.4m 处，mm：102×153×14kg 的锥形的 T 形支架
11. mm：60×5×6.8kg 的 CHS 边缘组件

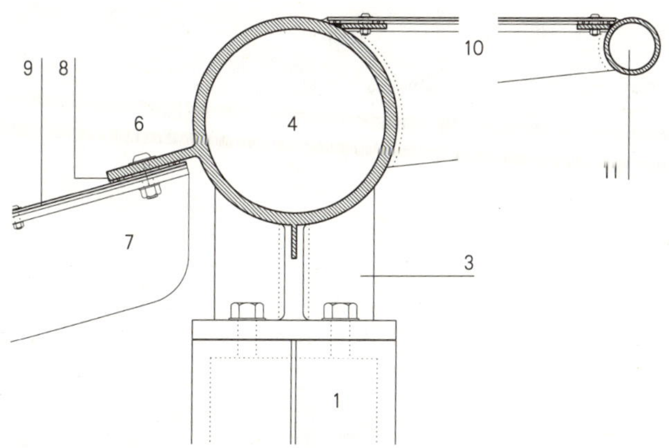

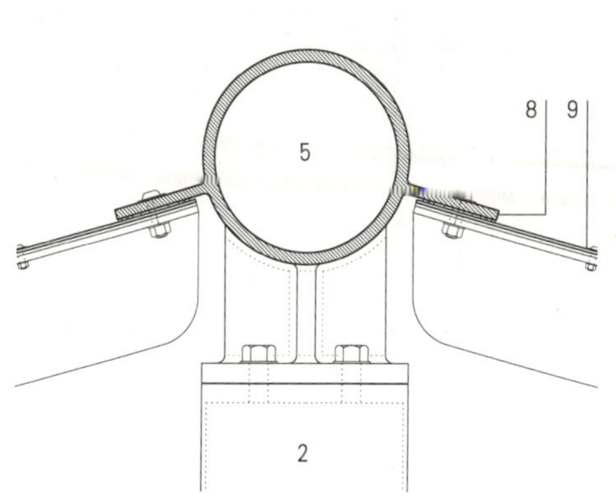

支柱间的横向斜支撑隐藏在石墙内部

带连接，钢带就像混凝土材质的带子。通过容许网格轻微靠在支撑物间可以进一步减小剪力。

优良规格的网状膜面填充了墙体和屋顶之间的间距，它既能提供一定的安全性，又能充足地前后通风以干燥船舶和内部设施。在石墙上方，不锈钢屋顶如悬臂似地向外伸展直到锥形支架上，以保护锥形支架不受暴风雨的侵害。在建筑的每端，屋顶的每个水槽均起着带有出口的扁平排水槽的作用，排水槽将雨水导入隐藏在滑行门后面的箱形水槽以及内部的落水管里。从人群、船舶和天气渗透到外壳内部的水，从弧形的柏油碎石地面排放到砂砾层沟，该砂砾层沟沿着柱网线横贯整个建筑。

船库由两个转包商制作，工人通过切割和

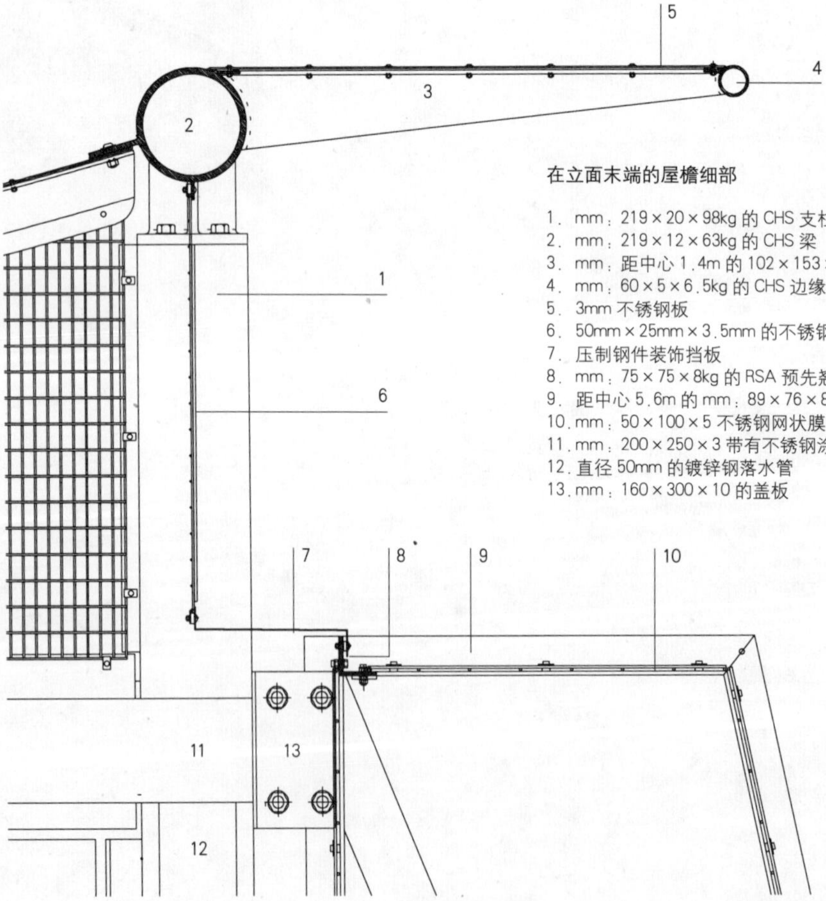

在立面末端的屋檐细部

1. mm：219×20×98kg 的 CHS 支柱
2. mm：219×12×63kg 的 CHS 梁
3. mm：距中心 1.4m 的 102×153×14kg 的锥形的 T 形支架
4. mm：60×5×6.5kg 的 CHS 边缘构件
5. 3mm 不锈钢板
6. 50mm×25mm×3.5mm 的不锈钢网状膜面
7. 压制钢件装饰挡板
8. mm：75×75×8kg 的 RSA 预先翘曲
9. 距中心 5.6m 的 mm：89×76×8kg 的 T 形金属框架
10. mm：50×100×5 不锈钢网状膜面
11. mm：200×250×3 带有不锈钢涂层的镀锌钢排水沟
12. 直径 50mm 的镀锌钢落水管
13. mm：160×300×10 的盖板

焊接低碳钢不很准确地完成船库的结构框架，而将表皮进行数字化切割及高精度冲孔，这种高精度要求通常用在原子核、石化产品和北海石油工业中。随着地基梁的完成，工人们将钢框架竖立并支撑，利用安装着弯曲支船架的铲车将不锈钢板吊起到合适位置。工人利用压碎的花岗石填充镀锌网笼，并在外壳的每端安置滑动门，从而完成建筑外表皮。

选择材料以最低限度的维护和较长生命周期为标准。惟一实用的抛光方法是低碳钢的热浸镀锌法。同样，建造以减少基本要素及最小化误差为标准。在框架中，3 ~ 5mm 的误差出现在沿船库纵长的 16.8m 空隙——管－梁连接的地方。在屋顶，尽管不锈钢隔膜上的那些孔洞比需要允许调整的孔洞大 4mm，但球座中的孔洞是精确的。如同船里的桨手，清晰表达船库的组成构件被优雅地整合到经受过训练的整体中，无一浪费或者成为不必要的炫耀物。

业主：皇家阿尔伯特码头信托公司（Royal Albert Dock Trust）
地点：英国伦敦
建筑师：Ian Ritchie 建筑事务所
结构与设备工程师：Arup
质量监督：Davis Langdon 与 Everest
主要承包商：Bovis Lelliott
结构钢：Elstead 施工有限公司
不锈钢：E.H.Smith（屋面）有限公司

面向码头的船库南边的路径通向俱乐部会所，在会所的一个露台上就可以俯视排列船舶的全景

伦敦千禧年穹顶（1999 年）

千禧年穹顶由理查德·罗杰斯事务所和工程师布罗·哈普尔德联合设计，从高效运用材料和工具角度来讲，千年穹顶的建设是一个教训。它仅在 15 个月内完成，围合体积达 2200000m^3，穹顶由一圈支撑缆索网架的钢桅杆组成，该网架由膜面面板覆盖。因为有规则的辐射状几何形体，千年穹顶的设计、制作以及建造受益于标准化和重复化的高度精确。

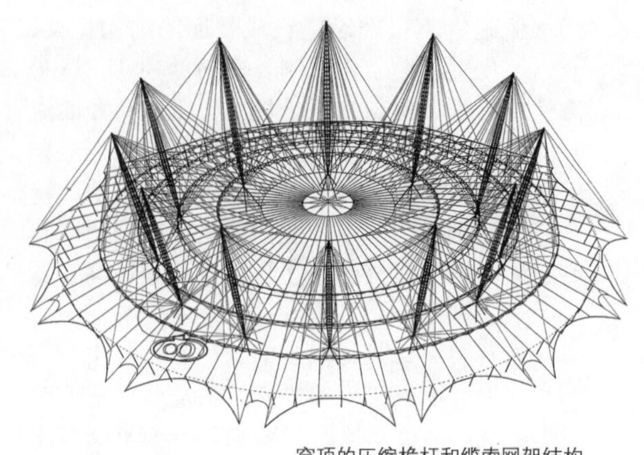
穹顶的压缩桅杆和缆索网架结构

千禧年穹顶不是结构上常规的圆屋顶，而是一个三维固定缆索网状物。千禧年穹顶这种结构不像在压力状态下运转的圆屋顶，它主要是通过在拉力状态下运转来阐释球形封闭盖的表面曲率，而球形封闭盖是在地下理论中心 300m 的球状薄片。直径 320m 的围合场地通过 12 根

缆索网架的高空作业和膜面外壳的安装通过沿绳滑动方法实施

单一的空腹梁压力桅杆支撑，这些桅杆以 100m 为半径排成一圈。每个 90m 高的桅杆呈雪茄状以阻止被压曲，其直径从每端的 1.5m 扩大到距离中心的 3.5m。为了便于运输，桅杆长度被预制成 15m，然后现场焊接。每个桅杆由 8 个直径 324mm 的钢管制造，钢管呈环状排列，并通过焊接在距中心 2.5m 的 250mm × 150mm 矩形管连接。焊接的钢板边缘为 23 个托架缆索提供与每个桅顶的连接，以及 18 个栓系在每个底部的连接。为了保持内部地板尽可能与缆索一样清晰，桅杆被竖立在距离棱椎底部 10m 高的位置，每一个棱椎均通过四个直径 560mm 的钢管形成，因此栓系连接正好上升到地板平面的上方。工人将棱锥底部支撑在钢筋混凝土堆的基

千禧年穹顶位于泰晤士河畔格林威治半岛北端，该区域原来是一个重污染基地

础上，其中的两个架桥通过现场下方的黑墙公路隧道。指向球体理论中心的桅杆，通过偏离竖直方向 17° 的托架缆索加以保护，而托架缆索连接到缆索网架和两个被锚定在地面的桅杆上。除了主要的桅杆以外，72 个附属桅杆，每一个均 10m 高，直径 324mm，这些附属桅杆支撑在缆索网架的周边。

缆索网架就像一个巨大的十字叉网，从直径 30m 的由环状缆索组成的轮轴中发出。尽管它最初被预想成管状的钢构件，但是因为环状缆索承载 700t 的荷载，并与其他构件一起支撑整个屋顶，所以设计者需要考虑它在破裂事故中的安全性。这些考虑导致轮轴由 12 个环状缆索构成，这 12 根缆索呈两组，每组 6 个，其中

在穹顶中心的环状缆索由两组缆索组成，每组 6 根缆索，其中一组在另一组的上方，并且在每个辐射状缆索的位置用夹子夹住

缆索和膜面的连接

随着缆索网架的完成，工人竖立暂时的脚手架塔以安装通风盖，并为安装膜面外壳提供构台入口

一组在另一组的上方，并且在每个辐射状缆索的位置用夹子夹住。从轮轴延伸到周边的72对辐射状缆索，通过四个环绕环状缆索固定。在每个放射状和环绕缆索之间的节点处，焊接的Y字形钢为托架缆索提供了连接，并支撑在放射线上方2.5m处的环绕缆索，以阻止在膜面表皮上蓄水。在周边位置，为了在视觉上轻化建筑形体，并提供大型的入口，边界处圆齿状的缆索拦截了每组6根辐射状缆索中间的4根，并将它们的应力传递到每个末端的拱上。24个钢筋混凝土拱直径均为365m，其上分别安置一条辐射状缆索、圆齿状的缆索以及到大型桅杆的后部支索。向上的合力通过24m深的地面拱限制，向内的合力通过直径160m的钢筋混凝土压缩环梁限制，处于同等水平面上的压缩环梁宽8m，高度600mm，而这个水平面也支撑着处于周边位置的72根桅杆。

对于这个膜面围合构造来说，明显不同的是该膜面构造没有双曲率。千禧年穹顶由直缆索和扁平膜面面板组成。PTFE（聚四氟乙烯）外皮的玻璃光纤膜面屋顶包含两个环，每个环有72个面板。75m长的面板在轮轴处宽度为1m，在周边位置宽度为15m。直径12mm的缆索被包围在每个面板辐射状边缘的“袖口”里。这些缆索通过中心500mm的膜面切断口暴露，并被两片伸出到辐射状缆索的铝片夹紧。在每个面板边缘的封闭副翼是热封的，以使连接处防风雨。在每个桅杆上，膜面被固定到钢环和

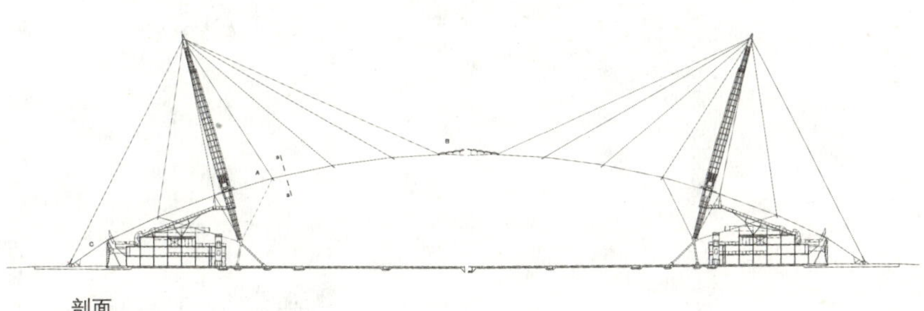

剖面

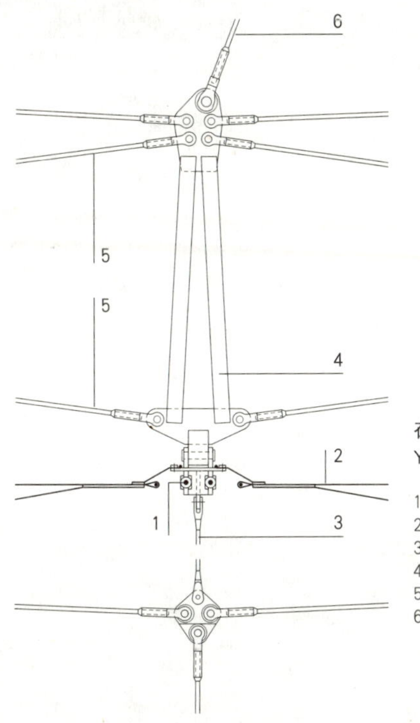

在辐射状缆索的和环绕缆索的接合处，Y形连接构件的细部

1. 直径32mm的辐射状缆索
2. 覆盖PTFE的玻璃光纤隔膜
3. 直径30mm的钢杆
4. 直径114mm的Y形CHS
5. 直径25mm钢缆索的环绕的构架
6. 直径32mm的钢悬挂缆索

缆索网架从直径30m的环状缆索向外辐射

在铝框架上覆盖着聚碳酸酯面板的开口处。在周边位置，垂直绞索桁架将聚碳酸酯墙体承载在它们的内部弯曲弦上。

因为缆索网架均分负载的特点，那里有大量的冗余结构。由于附加的多余措施，辐射状缆索和后部支撑缆索都是双重的。缆索的直径范围为 25 ~ 90mm，这些缆索在制成精确的长度之前，先被拉成丝、电镀并拉伸。在膜面表皮均匀分布的压力仅仅被贯穿黑墙隧道的大型通风开口所打断。洞口由直径 8mm 的缆索组成的网架覆盖，这些洞口以间隔 1m 的距离分开，以便复制在表皮任何位置的荷载，而膜面构造则被“浪费”在考虑洞口如何被覆盖的问题上。

千禧年穹顶位于泰晤士河南岸格林威治的废弃煤气工厂内。建造从长达 9 个月的大量补救工作开始，以使受到重污染的 120hm^2 土地获得新生。在接下来的 4 个月里， 工人安置了 8000 多个现场浇筑的混凝土桩。一旦屋顶完成，1500 个附加的混凝土桩被安放在建筑内部的 3m 格栅上，这就为后来的展示设计和支撑结构提供了一定的弹性结构。

12 根主要桅杆通过起重机竖立，并利用永久的后部支索和暂时的前桅支索固定。环状缆索在现场装配，并通过在桅杆顶部的绞盘升高。工人在现场将每个辐射状缆索的内部端点处连接，并朝向高空位置进行外部连接。一旦完成，通过周边 72 根辐射状缆索连接点的预加应力，网架则以控制序列被逐渐拉紧。临时脚手架竖

随着桩基的完成，12 根压缩桅杆被竖立起来，并通过永久的后部支索和临时的前桅支索支撑到合适的位置

在压缩桅杆穿透膜面外壳的地方，膜面通过钢环支撑，并且在开口处通过铝框聚碳酸酯面板密封

完成桅杆和缆索网架的安装后，再安装膜面外壳

立在空间中心以安置直径 30m 的通风盖，通风盖坐落在中央环状缆索上，并为膜面面板的安装提供悬挂在缆索网架下面的构台入口。所有在缆索网架和膜面外壳上的高空作业均通过绕绳下降法执行。

圆屋顶的桅杆、缆索网架以及比所围合的空气重量还轻 15%（相当于 $13m^3$ 水质量）的膜面，均表明了结构的轻盈。膜面表皮厚度小于 1mm。千禧年穹顶的设计者利用最小厚度的材料，创造了一个大尺度和具有一定影响力的空间。

业主：千禧年体验有限公司与千禧年委员会（The Millennium Experience Company Ltd.and the Millennium Commission）
地点：英国伦敦
建筑师：理查德·罗杰斯建筑事务所
结构、机械 / 电力 / 管道、土木、岩土与防火工程：Buro Happold
规划监督：Arup
防火顾问：FEDRA
环境顾问： Battle McCarthy
规范编写：Schumann Smith
健康与安全：健康与安全执行局
声响顾问，第一阶段：Sandy Brown 联合事务所
施工经理：McAlpine Laing 合资公司
现场准备：W.S.Atkins
打桩：Keller 地基工程
桩承台、锚墩和环梁：John Doyle 施工公司
铁构架和缆索网架：Birdair
周边墙体：Westbury Tubular 结构 ,Estralite
通风盖：Baco

穹顶的每一段均被两个 75m 长的膜面面板覆盖，面板在轮轴位置宽度 1m，在穹顶周边位置宽度 15m

圣奥斯特尔“伊甸园”项目（2001 年）

“伊甸园”项目坐落在一个废弃的陶瓷黏土矿坑里。这是一个具有挑战性的项目，其设计目的是使它具有教育意义，能引起公众对于人类依赖自然的重视。它的主要特征是具有世界上最大的设备外壳，这个外壳覆盖了 $2.2hm^2$ 的面积，并被安置在 70m 深、500m 跨度的矿坑内。在这个地点开发该项目有两个好处：一是可以修缮几个世纪以来工业利用所造成的破坏，二是可以充分利用英国温和的气候。

该地地貌崎岖，而尼古拉斯 · 格雷姆肖建筑事务所和安东尼 · 亨特协作设计的滑铁卢国际车站所在的城市地块也是崎岖变化、不均匀的，由于这两个地块具有一定的相似性，客户委托同样的设计团队设计伊甸园项目。受滑铁卢国际车站的影响，最初的研究提议建造一个大跨度、可变化的拱形结构。但是因为连续采矿导致的不规则地势以及不断变化的地形，使得这个方案不可能最后敲定下来。在重新修改的方案中，具有一连串的八个不同直径的联锁穹顶。这个方案确定后，一旦深坑的最后勘定结果是可利用的，设计组则确定穹顶的结构形式，并深化上部构造和地面以及覆层的延伸之间相交处的设计。

形态构成通过在建筑师、工程师以及承包人之间的三维数字化计算机模型协作开发。在研究了一系列可供选择的球面几何形体之后，紧接着就是选择了一个与大地测量学有关的排列，以完成对结构单元的恰当分配。潮湿的热

生物群系使这个由于几个世纪的采矿而造成破坏的地点得到再生

带生物群系和温暖的温带生物群系创造了两种气候区域，这两个区域通过一些美观的低层住宅联系在一起。利用太阳模拟软件安置穹顶结构，以便最大程度地得到太阳热量，同时110m宽、55m高、240m长的热带生物群系从黏土矿坑北面延伸到南面，而65m宽、35m高、150m长的温带生物群系也弯曲到东南面。

每个穹顶结构是以十六进制排列的两层空间框架。外部20个面的测地学框架由直径范围从5～11m的六边形模块组成，同时六边形模块与三边形模块结合形成一个半独立支撑的内部层。外部组件是直径193mm、半刚性连接的钢管，以使铸件钢Mero节点标准化。内部组件和连接内部和外部框架斜压杆的是直径114mm、带有最大混凝土栓的钢管。穹顶半径范围从18m到55m。六面体在尺寸上不断变化，按比例适合每个穹顶。这些六面体同时也在每个穹顶内部变化，仅有25%的重复率。三角形格栅拱从曲形钢管中分段预制并在现场焊接，然后被纳入穹顶之间的连接处以承载个别的节点。穹顶的结构形态是由弯曲度和外形决定的。因为外形需要这种连续性，所以不能有任何伸缩节点。框架的曲率可以让建筑物“呼吸”，并可延伸、收缩以适应热压力。因为不规则的地形条件产生了不规则的形体，热带生物圈需要服从外部的、将导致200mm偏差的平面弯矩，这个误差对于这种大跨度结构来说，是在正常的预料值之内的。

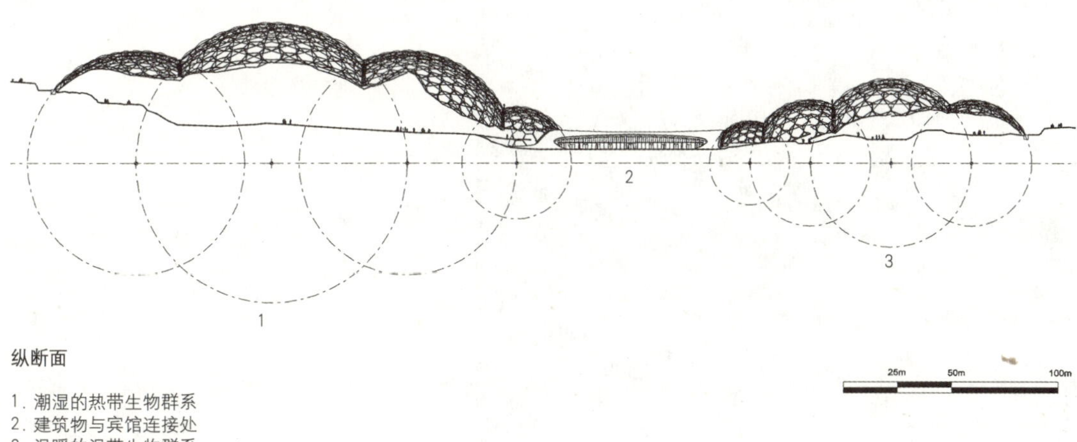

纵断面

1. 潮湿的热带生物群系
2. 建筑物与宾馆连接处
3. 温暖的温带生物群系

因为半透明的外壳，而使室内能够接收到大量自然光，以维持热带和温带的生物群系

因为节点的数量和覆层面板的相关尺寸对成本有很重要的影响，所以设计者最大程度地优化结构，以最大可能地发展模块。生物群系由气垫覆盖，而这个气垫则是由三层 ETFE（乙烯－四氟乙烯共聚物）衬箔组成。厚度范围从 50μm 到 200μm，衬箔的重量只是相等面积双层玻璃固定静负载的 1%。它与双层玻璃一样，具有同样的热效率，并具有最大的透明度以透过光线与植物需要的紫外线。衬箔的中间层呈扁平形状，阻止形成于衬垫内部的对流，同时降低浓缩的风险。衬箔的最外层由成形薄片制作构成，这些成形薄片焊接在一起的时候就形成了球面。每一个气枕被包含在一个最大跨度 10.5m 的结构模块内，利用“转舵”槽与由航

因为不规则的以及变化的地形条件很难固定建筑物的形体，所以早期设计的那种带有可变缆索的拱以及屋脊、槽沟外壳的方案被否定了

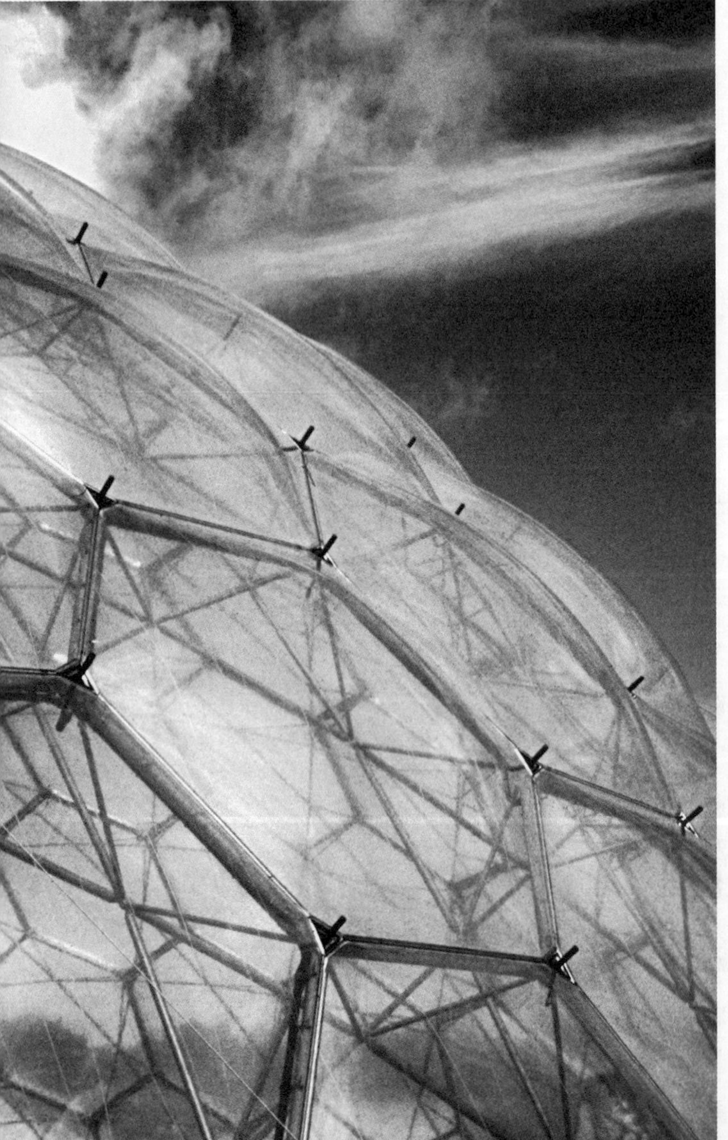

通过 ETFE 外壳，内部的结构是清晰可见的

在建成的建筑中，人们可以清晰地看到 ETFE 衬垫中的持久充气系统

海以及织物结构技术衍生而来的“keder”，使衬垫被约束在挤压的铝框内。外部的衬箔层处理负风压和横向负荷，同时内部层处理正风压和雪荷载。设计者将缆索网状加固物加到相邻两穹顶之间凹入处的衬垫内部，以支撑因为雪的滑落而产生的潜在的过高荷载。

生物群系安置在深坑底部，水位线 30m 以下的地方。险峻地面的轮廓范围从实体花岗石到手工铸模的瓷土，再到要填充的处女地。因此，设计者安放了地下水排水系统，并做了大量压实性与稳定性的工作。生物群系被支撑在项圈状的混凝土上，而混凝土围绕着穹顶周边并环绕着现场的轮廓。在热带生物群系和 1m 深的温度带内有现场 2m 宽、1.4m 深的钢筋混凝土等

直径范围从 5m 到 11m 的外壳衬垫，安装后被充气膨胀以保证结构的整体性

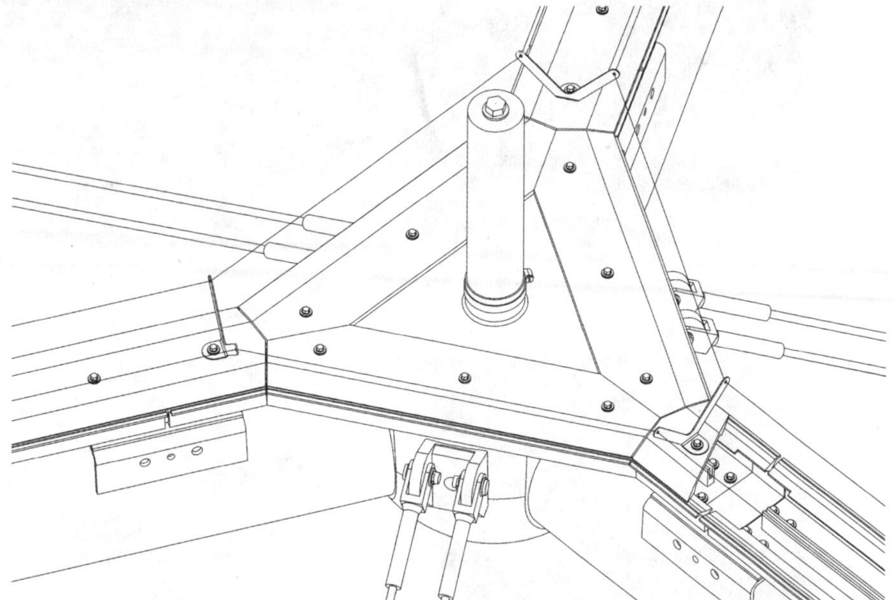

标准的铸钢铸件 Mero 节点被用在穹顶结构上，同时带有相同几何形体的、承载 ETFE 衬垫的铝框

贫乏的土地条件要求大量压实性和稳定性的工作

级梁。基础复杂的形体使更换利用三维坐标系统做成的传统描画成为必要，这种传统的描画做法常被用于道路建筑，现在则可以通过电子距离测试设备得到满足，并且可以通过一个一个的点进行测定。

一旦基础完成，工人就会搭起巨型的鸟笼脚手架，为生物群系结构的竖立提供暂时的支撑。成组的模块在地面装配，其中包括测量结构与栓接在外部桁材上的铝覆层框架，然后再通过起重机被一起调到合适的位置。当每个穹顶，连同足够面积的邻近穹顶建成时，为了保证稳定性，鸟笼一样的脚手架就会被撤掉，然后才能安装气垫。绕绳的工人从周边到顶点用绞盘松散地拉绳，以便将气垫安装到合适的位

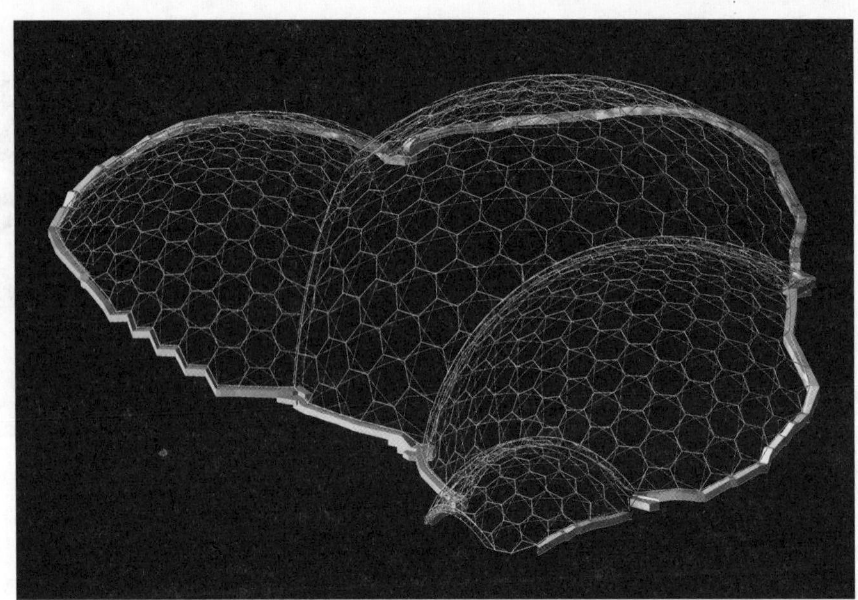

钢筋混凝土地基梁基础环绕着地面的轮廓

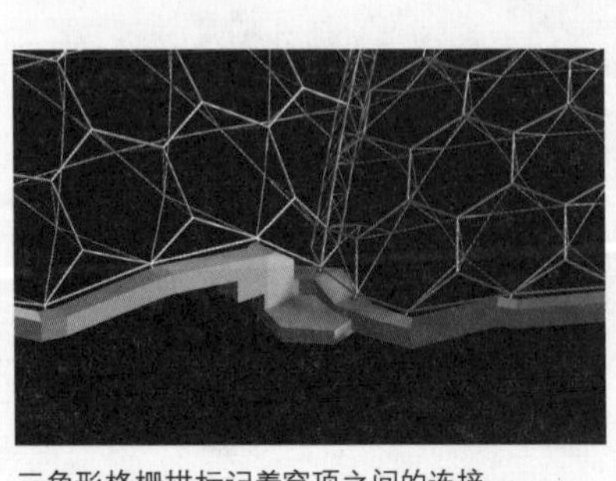

三角形格栅拱标记着穹顶之间的连接

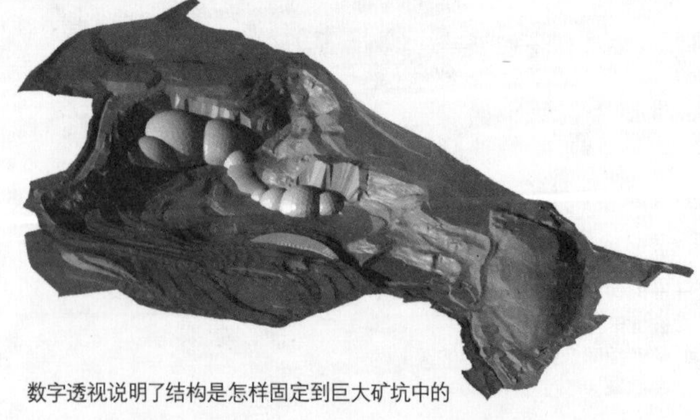

数字透视说明了结构是怎样固定到巨大矿坑中的

置，安全地送到覆层框架上，并固定在突出的铝覆层顶部，使密封接合处不受天气的影响。在每个衬垫完成安装后立即充气，以保证结构的完整性。人们可以清楚地看到充气系统以及供应每个衬垫的持久灵活的充气管。

伊甸园项目是一项历史遗产，不仅仅因为巴克敏斯特 · 富勒的测地线几何学，还有他围合巨大生物圈的提议。这项在头脑中的设计方案涵盖了对自然光的充分吸收、高效的建筑外皮以及安装的充足的被动式环境系统，最终被经济有效地建造。这不是估价师制定的让人沮丧的节约措施，而是一个世界性的梦想节约措施。在那里，人类能够轻轻地触摸地球，理解到：为了他们的生存，必须维持地球上脆弱的生态平衡。

业主：伊甸园项目有限公司
地点：英国康沃尔郡圣奥斯特尔
建筑师：尼古拉斯 · 格雷姆肖及其合伙人有限公司
结构工程师：Anthony Hunt 联合有限公司
设备工程师：Arup
质量监督：Davis Langdon 和 Everest
承包商：Robert McAlpine 爵士有限公司 /Alfred McAlpine 有限合资公司
项目经理：Land 建筑设计有限公司
项目监督：Aspen Burrow Crocker
景观顾问：土地利用顾问
防火顾问：Arup 防火
覆层顾问：Arup 立面工程
配件顾问：Purcell Miller Tritton
钢构架与覆层承包商：Mero 英国公司
ETFE 转包商：Foiltec/Vector 特别项目

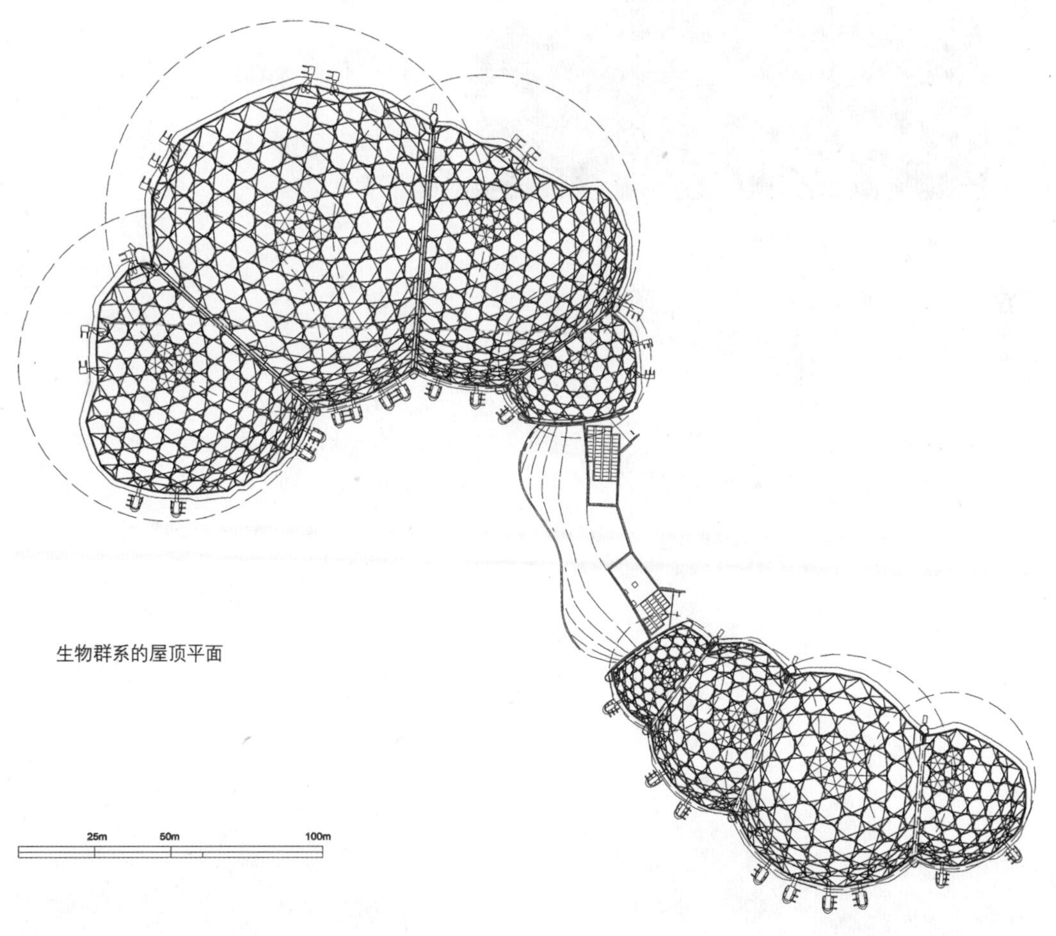

生物群系的屋顶平面

可触知的皮肤

艺术学院，托莱多，盖里建筑事务所，1992 年。尽管形式上复杂，覆层系统仍然依赖传统的折叠接缝技术

艺术学院，托莱多

大量生产制造的机械，以及模数化的金属覆层，已成为现代主义者使用的成套工具中必要的组成部分。像金属结构一样，金属覆层系统的发展在优化和杂合方面表现出不懈的推动力。金属板片系统由坚实的铸铁外表皮进化而来，它使金属的测量厚度精确到毫米，而且其合成的板片在以微米计量的厚度中阐释了超塑性与超薄性。这种超薄金属的特性，已经使它仅仅位居作为玻璃幕墙首选材料隔膜的玻璃之后，并且，阐释所包含空间静态完美性的笛卡儿逻辑学，通过重复模块的体系集合，成为建筑物上永恒的标志。与此相反，对覆层金属的当前探测逐渐离开机械美学冰冷的、没有感情的精确性，而集中在材料的感官性能——这对于早年拒绝使用给人美感的铬覆层支柱，而采用实用的、工业化生产的玻璃幕墙的密斯·凡·德·罗来说，是他所经历的一个具有讽刺意义的转变。

人们对金属的触知特性产生的新兴趣，一定程度上是在由防雨系统创造的覆层设计上表现出来的一种新自由的副产物。尽管防雨原理已在复杂精密的玻璃幕墙装配中使用了10年，但现在它才为人们广泛利用，并且在实际应用中被证明，比密封的风化侵蚀系统更加合理。尽管人们认为盖里对于金属覆层的早期使用属于一种创新，但是这种创新仍然依赖于折叠或密封的接合处。在一些实例中，例如1992年的托莱多艺术学院中起着“外衣”作用的铜覆层，其防风雨外皮通过在地势低的斜坡地区、劳动密集型的现场焊接接缝而取得。几年以后，这些实践逐渐显得陈旧。现在覆层和防水层作为结构的分离层被清晰地表达，并在材料上加以区分，它们之间的差别把覆层从确保外壳防风雨的功能中解放出来。随着表征防风雨功能的逐渐消失，人们给予建筑外观更多的考虑。在体验音乐博物馆，对有开口接合的防雨屏障的运转所创造的这种自由，在更加显著的曲率方面和金属覆层随意的盖瓦方面都是很明显的。尽管有着明显不同的审美兴趣，威廉姆斯与特西恩（Williams and Tsien）设计的美国民间艺术博物馆也是获利于防雨屏障所带来的这种自由。不再是密封的系统，青铜覆层板之上的泡沫、裂纹以及裂缝并没有减损建筑外皮防风雨的性能。重要的是，防雨屏障也能将建造程序最优化，消除了可视密封接合处蕴涵的昂贵建筑成本，同时减少了费用浩大的现场安装劳动力成本。

触知的乐趣以及对外观的强调正在扩宽用作覆层的金属的颜色范围。除了铜以外，今天被广泛用作覆层而不只单纯作为屋顶的——这种新型材料当然是钛。在日本把这种金属应用在建筑上已近30年——在那里几百栋建筑物用钛作屋顶或者覆层，以适应迅速发展的海运业和工业环境[1]——这种金属仅通过毕尔巴鄂的古根海姆博物馆，引起国际设计协会的注意。尽管钛以高强度、轻质量以及耐腐蚀而著名，在短期内广泛采用可能仍是有所限制的。就像铝一样，它被实际情况所限制，不像在航天工业上——钛能被广泛地应用，对于建筑来说，其重量毕竟不是关键的

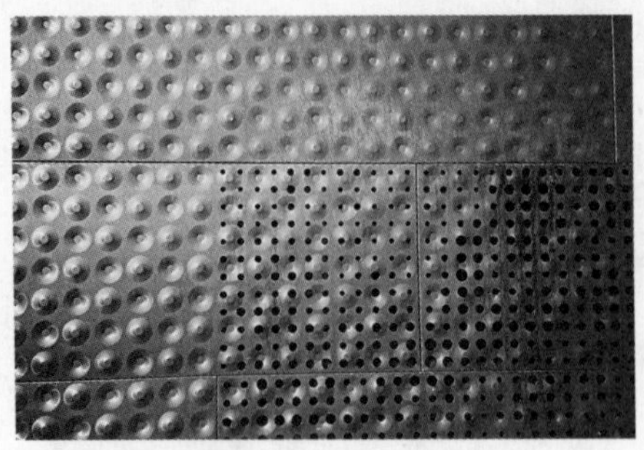

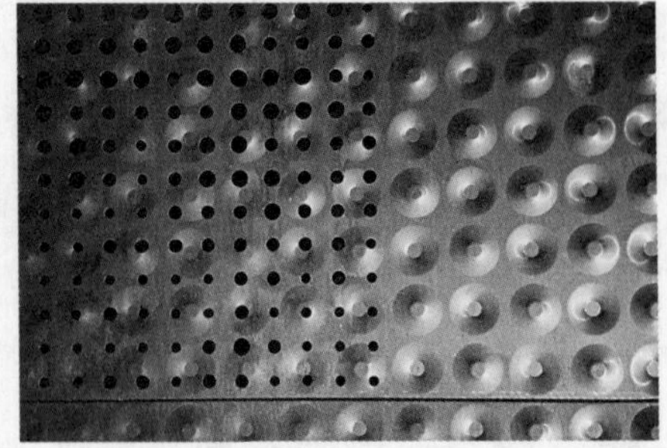

笛洋美术馆，旧金山
赫尔佐格与德梅隆事务所，2003 年。
覆层模型探测出扁平铜片的三维潜能

因素。高成本——由钛的低效率、缺能以及对环境不利的生产程序所产生的结果——进一步妨碍了它的应用。然而，被剑桥大学发展的快速电解反应程序预示着能够增加钛的产量，并降低其价格到与不锈钢价格一样的水平。如果这种新的程序被成功地推广到全面生产的程度，作为建筑物覆层的不锈钢和铝的应用就有可能受到挑战。[2]

人们重新燃起对耐候钢（能抵御天气变化）的兴趣。起初耐候钢仅应用在铁路车辆和大桥的建设发展中，但丰富的颜色和肌理使它在建筑上逐步得到应用。它在建筑上的应用通过约翰·迪尔总部（于 1964 年由凯文·罗奇和约翰·汀克罗联合事务所设计）的结构和覆层以及 1973 年让·普鲁韦详细设计的柏林自由大学第一阶段的模数化的夹式覆层板得到创新。尽管在随后的 20 世纪 70 年代末，许多建筑用耐候钢作为覆层，但仍然有大量的问题——特别是为防止失败而对氧化程序的抑制。实际上耐候钢最终不能作为覆层材料，它目前的复兴只是对有开口接合的、通风防雨屏障策略的应用日益增加的另一个产物。

金属与不锈钢和耐候钢不同，通常因为其本质的颜色和肌理而被开采。但是现在人们更多关注的是金属可应用的颜色，这些颜色从不透明涂料和瓷漆到透明的酸浴干涉涂层均得到扩宽，这种干涉涂层能够提高金属的特性，而非隐藏其特性。同样，脱离原先安置在机械质朴表面的高价成本，现在人们致力于发展有触知的和不规则的表层性能。金属能够被弯曲、扭转以及变形，相反却没有影响其性能，并且易于接受像喷珠处理和挤压气囊一样的程序来产生规则或不规则的形状，所以金属再次因为它们的延展性而受到重视。除了证明与被数字化设计产生的令人舒服的体积有较高的兼容性以外，这个特性正在被对柔软表面比雕刻形式更感兴趣的建筑师所开发。基于建在 1995 年巴塞尔的沃尔夫信号楼的教训，赫尔佐格与德梅隆事务所为旧金山新笛洋美术馆所提议的覆层对铜的延展性进行了严格的探查。在这里，扁平铜片的潜力以三维浮雕点状网格的形式发展，其中的节点空间分布是规则的，但是浮凸装饰的深度以及其正向反向不断变化。孔洞被一个附属的穿孔网格覆盖，其直径近似地从 6mm 到 50mm 不等。在穿孔与浮凸装饰相吻合的地方，圆孔自然地变成椭圆形孔。在较近的范围观看，图案很明显是随机的，但从远距离观看，却是一个可辨别的图像——将照片形式转化为点状屏幕。标准镶板的尺寸和装配遵循规模生产所要求的经济性，在重复与变化之间仔细地反映着被评定的平衡，而且变换的表面处理方式使每块板都不相同，被数字化生产施以可行性。当铜呈现软绿色绿锈的时候，图像将更加精细地在材料上留下烙印。

新笛洋美术馆的提议，就像赫尔佐格与德梅隆事务所设计的其他大量工程一样，提出在覆层方面叙述性含义的问题。正如塞西尔·巴尔蒙德针对现代主义机械化的审美观中结构的沉默所做的评论，据说玻璃和金属幕墙的极少主义完美性

荷兰式住宅，荷兰，OMA，1994年，
一系列锁子甲外部幕墙

阿拉伯文化中心，巴黎，让·努韦尔，1988年。
不锈钢透镜随着太阳的变化开放和关闭

最终是空白的一页。赫尔佐格与德梅隆致力于研究这项空白，当观察者由近及远移动的时候，通过观察者逐渐注视的图像，以及合并耐候处理程序，能产生及时呈现的这种叙述艺术。同样地，在多伦多希姆·萨特克利夫的耐候钢住宅内，覆层进行了精心的考虑，以致出现了式样的变化，而不是统一的着色模式。在苏黎世的吉贡/盖伊尔（Gigon/Guyer）设计的盖里的信号塔上，为其混凝土着色的金属颜料尽管是完整的，但并不实用，之所以被精确运用，是因为它随着时间的消逝将在颜色上发生不可预知的变化。在纽约表现美国民俗艺术的威廉姆斯与特西恩博物馆，其青铜覆层被专门开发以记录它自己的制作过程；同时填补了上述空白，清晰明了地记下了这种叙述性的艺术。

除了采取这种叙述性的表现形式，金属正在被日益开采，以提高建筑外皮适应环境的能力。现在人们对于能耗有了越来越多的考虑，已经发现金属作为媒介能得到更广泛的应用，与1987年让·努韦尔设计的阿拉伯文化中心机械化不锈钢透镜或者1992年OMA设计的荷兰式住宅易弯曲的锁子甲幕墙一样变幻多样。金属也有作为雅致材料的潜力。生产钛的新型电解程序这个重要的影响可能不是在结构断面或者覆层上，而是在于生产相对廉价的新型合金产量，例如，被设计成在特定的温度改变形状的镍－钛合金，可以在没有外部动力源的情况下被利用来激活覆层和太阳阴影系统。[3]

也许在表述性的术语中最富有争论的是OMA提议的旧金山Prada建筑外皮，完成了在幕墙系统中现代主义与教条主义矛盾的调和，不仅起着外皮作用，还兼有结构支撑的作用。这种金属表皮不是作为重复性建造的成套的坚硬设备被构思，它是可变且庞大完整的。在不锈钢和玻璃上都具有的显著厚度以及将薄隔膜转换成可触知皮肤的想法取代了塑造无形外皮的构想。对于厚度的推动，在金属结构的应用上也是明显的，通过数字化控制粉碎程序促进了这种推动力，这套程序容易很快地把厚的平板加工成薄板。威廉·米歇尔谈道，"多轴粉碎机延伸了计算机控制的从二维的薄片到三维的实体切割的想法。这项技术广泛应用于真实尺度模型的金属部件汽车工业。"[4] 现在随着多轴粉碎机在建筑工业上的经济可行性增加，人们有潜力对大尺度的金属铸件进行金属分割和模板粉碎。能够移到框架和薄表皮之外的数字化技术，与它正在创造的新型经济结构一起，打开了建筑上金属覆层对构造的探测及其可塑性潜力的大门。

1. S.P. Cardwell. "Titanium in architecture – a consulting engineer's view," *Cost-Effective Titanium Component Technology for Leading-Edge Performance* (Bury St. Edmunds and London: Professional Engineering Publishing Limited for the Institution of Mechanical Engineers, 2000) pp. 63-64.
2. Dave Parker. "Heavy metal," *New Civil Engineer* (19 July 2001) pp. 22-23.
3. Ibid., p. 23
4. William J. Mitchell. "Roll Over Euclid: How Frank Gehry Designs and Builds," *Frank Gehry, Architect* (New York: Solomon R. Guggenheim Museum, 2001) p. 360.

西雅图体验音乐博物馆（2000 年）

为了向美国流行音乐，尤其是摇滚巨星吉米·亨德里克斯表示敬意而委托建造了体验音乐博物馆（EMP），这个博物馆成为数字化技术的展示基地。达到最新技术发展水平的交互式视听设备展览影响着聆听音乐和演奏音乐的人们，该建筑物在视觉上给人以音乐的形象，其数字化设计和建造工具的使用为人们所认识和接受。由盖里事务所设计的 EMP 不再遵循那种将珍贵物品在质朴展廊中祀奉珍藏的想法，而是反映了当代流行文化的“凌乱”。

EMP 建筑紧靠太空针塔、单轨铁路以及 1962 年西雅图世界展览会保留至今的游乐园。尽管部分单轨铁路穿过该建筑，从而使参观者可以瞥见内部，然而 EMP 的大部分体块是不透明的，人们在街道上是看不到内部的，所以 EMP 对于城市生活的贡献仅仅起着纪念物的作用。EMP 的形式通过一系列数字化的物理草图模型而产生，设计者利用 CATIA 软件将这些草图模型转化为复杂连续的弯曲表面。参数控制着最大的曲率、覆层面板尺寸以及覆层样式，正如人工建立的装配实体模型，参数被输入 CATIA，CATIA 再将形式合理化到可建造的表面。从轮廓向内的工作通过数字化模型提供，建筑师和工程师则开发外壳的基础层和建筑结构。

EMP 的核心是一个支撑一系列放射状肋材的钢框架，其中肋材的放射半径大约 3m。这些肋材——每个均有不同的剖面、深度和渐细的尖端，以反映不同的压力——是专门制作的构

EMP 位于 1962 年西雅图世界展览会遗址中，故具有很多游乐场建筑的自我展示性能

件——由弯曲的钢板边缘构造，并焊接到机械式切割网的周边。这个钢框架覆盖一层 125mm 厚的混凝土，混凝土喷涂在不锈钢钢丝网的钢筋上，而钢丝网被点焊到肋材上。混凝土起着外壳的作用，目的是将结构变硬，并为防水层和 50mm 的冷敷喷射聚氨酯绝缘材料提供基层。最终的表面接近所预想的形式，并进一步通过支托肋材的附属框架取得。底座由在工厂就焊接到肋材上的钢管制造，穿透混凝土、防水层以及绝缘层。底座长度 250mm ～ 3m，间隔距离大约 3m，支撑着直径 150mm 的铝制围绕管架，其中覆层被固定在该铝制围绕管架内。设计者将每个底座的外端做成一个万向接头，以允许在内径 100mm 的球体领域内可以向着任意方向

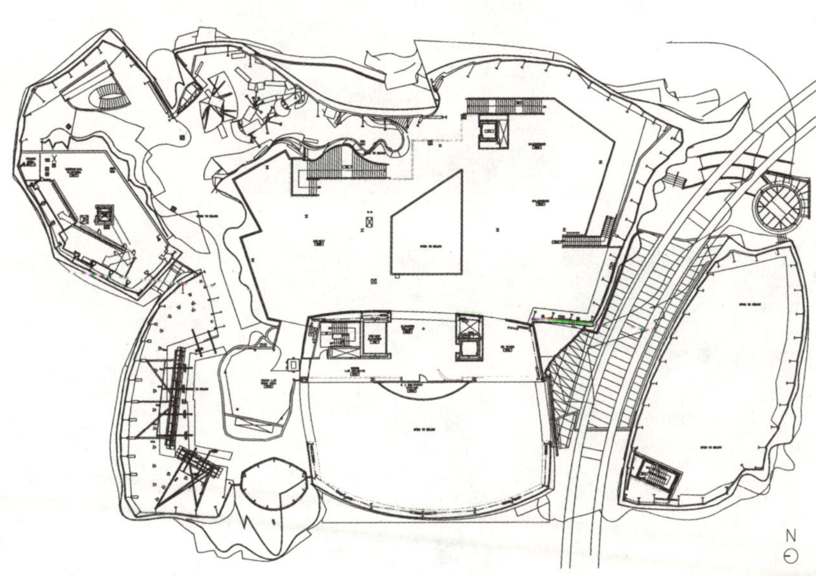

二层平面展示出变化的结构、放射状的钢肋材以及通过建筑物的一部分单轨铁路

建造期间的肋状钢结构和覆层

于街道高度，体验音乐博物馆呈现给人们的是纪念碑的尺度

调整。与CATIA数据库联系的全球定位技术被用以准确地安置围绕管架，这些围绕管架可能是直的，也可能是有曲柄的。它们没有排列在步骤有序而精确的网格上，相反，却被不规则地安置和转动角度，以便找到看到覆层的最佳位置。万向接头由钢制成，以支撑25mm厚的金属板和直径37mm的螺栓，该万向接头做得很牢固，目的是处理由弯曲表面导致的偏移。

EMP的覆层由3600多个不同的面板预制。尺寸范围从600mm×900mm到2400mm×4500mm不等，建造的面板像带有16个标准规格金属片的飞行器，其中金属片被固定在弯曲的铝制安定翼上。叶片间距不是相同的，间距范围75～450mm。这些专门制作的I形截面安定翼由铆钉在金属板网上的T形管构成。金属网的深度不断变化，目的是为了处理不同的压力并尽可能地节约金属。面板框架由铝或者不锈钢覆盖。在切割和弯曲金属片之前，将这些材料用于涂层，是因为它们具有较宽范围的色调和反射率，并不是因为这些金属固有的颜色属性。红色和蓝色的瓷釉被烘焙在铝上，对不锈钢或者进行镜面精加工，或者进行滚珠处理使之变成不光滑的表面，这样一来，不锈钢就变成了紫色和金色，这是酸浴与涂层相互反映的共同结果，其中涂层吸收自然光光谱中可选择的波长，反映了所预想的颜色。

突出于每个覆层面板顶部的铝型材被螺栓固定到托架上，托架又依次固定在管环上。底

点焊到主要结构上的不锈钢金属网，为125mm厚的喷涂混凝土外壳提供支架

围绕管架从绝缘的防雨外壳突出出来，并承载着覆层面板

天空教堂重复的覆层模块，与建筑其他体块上任意布置的盖瓦形成对比

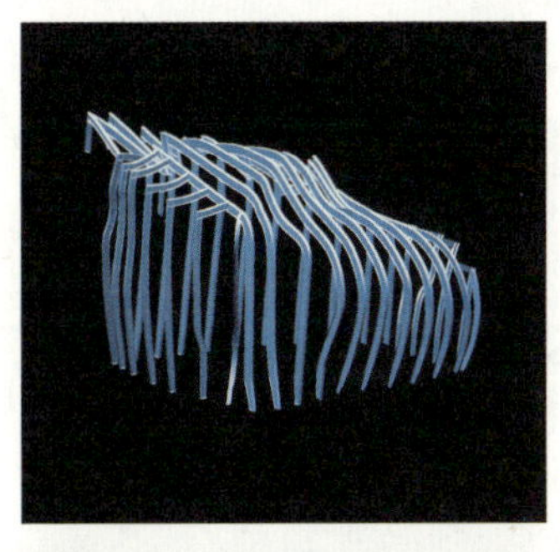

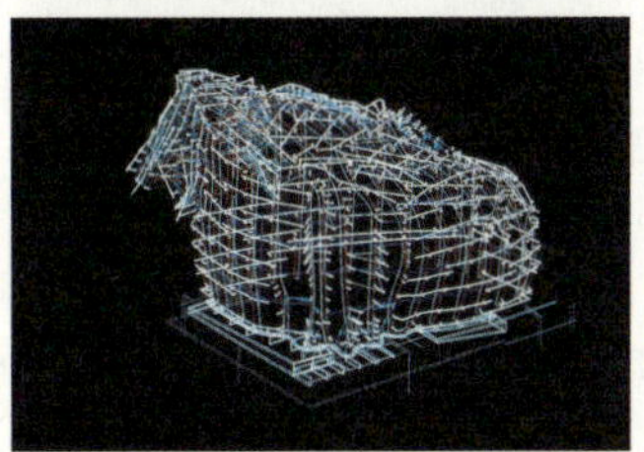

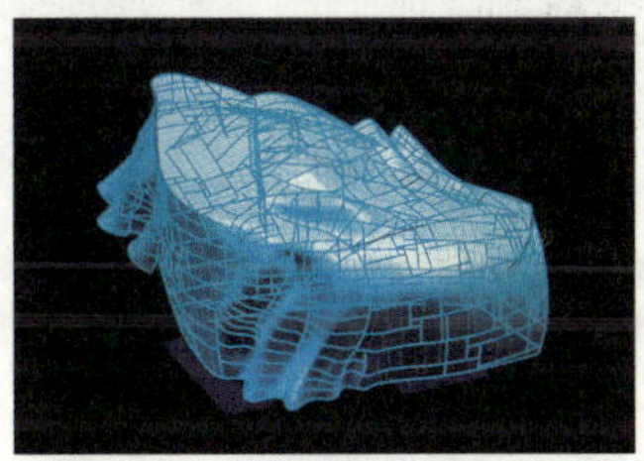

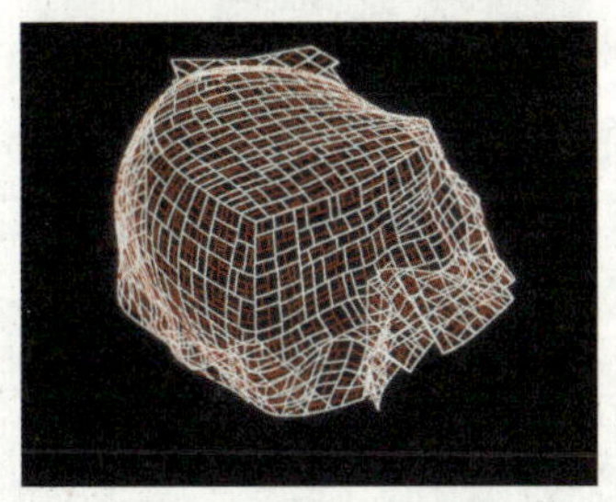

从顶部到底部：
放射状的钢肋材；
混凝土外壳；
环状管架；
覆层连续的弯曲表面；
覆层面板；
面板盖瓦

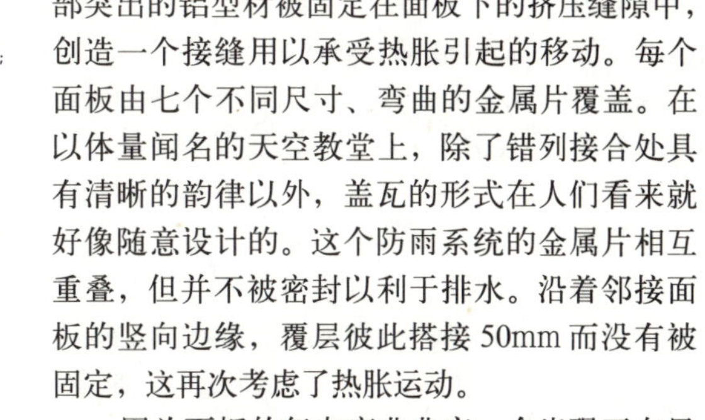

部突出的铝型材被固定在面板下的挤压缝隙中，创造一个接缝用以承受热胀引起的移动。每个面板由七个不同尺寸、弯曲的金属片覆盖。在以体量闻名的天空教堂上，除了错列接合处具有清晰的韵律以外，盖瓦的形式在人们看来就好像随意设计的。这个防雨系统的金属片相互重叠，但并不被密封以利于排水。沿着邻接面板的竖向边缘，覆层彼此搭接 50mm 而没有被固定，这再次考虑了热胀运动。

因为面板的复杂弯曲曲率，会出现正向风压与负向风压同时发生在相同面板上的现象。这些会通过安定翼不断变化的深度和间距来处理。A.Zahner 公司——设计－建造覆层的承包商，开发软件以安置每个安定翼，而每个安

从专门制造的主要结构到不同的覆层面板，EMP 的设计和构造成为大量用户专用化的试验基地

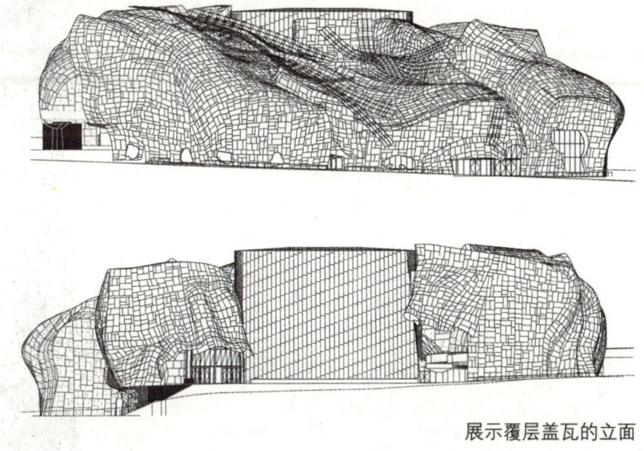

展示覆层盖瓦的立面

定翼与由盖里事务所为每片金属片提供的样式、盘面设计、支撑概念以及表面曲率均相关。设计完成的这个软件能够打开 CATIA 模型的面板，同时为 CNC 装置提供数据库切割以及在面板框架和表皮的数千个组件上打孔。它也能使切割部分排列最佳化，以便最大程度地减少浪费。

面板在工厂通过人工用可调整的模具装配起来，而不需要测量。覆层的大约 80%完全覆以外壳，并用卡车从堪萨斯州运输到西雅图。为了在密集的曲线半径区域内提供灵活的量度标准，余下 20%的覆层在框架固定之后于现场覆以外壳。通常情况下，面板框架被斜向支撑，以致表皮不能起到横隔膜的作用。然而，在面板从主要结构悬挑出超过 2.5m 的地方，它们便具有了承受压力的表皮组件功能，同时在覆层下面还有 20mm 厚的铝板。

在其分类系统的精细复杂化和组件的最优化中，EMP 模糊了工艺和工业之间的边界。能够定义建筑物的复杂形式、支配它的构造以及装配的软件，使设计者能够从对标准化大量生产的构件的依赖中解放出来，并坚定地进入大量用户的专用化领域。很有讽刺意义的是对于盖里期望的凌乱，仅仅通过最准确和精密的数字化技术才能实现。

业主：体验音乐项目
地点：美国华盛顿州西雅图
建筑师：盖里建筑事务所，LLP
助理建筑师：LMN 建筑事务所
景观建筑师：Young+Dring
结构工程师：Skilling Ward Magnusson Barkshire
机械工程师：Notkin 工程 (NEI)
电力工程师：Sparling
声响：Jaffe Holden Scarbrough 声响；Cerami 联合事务所
总承包商：Hoffman 施工公司
金属表皮承包商：A.Zahner 公司
不锈钢上色：Rimex 金属
结构钢制造商：哥伦比亚金属丝与铁（Columbia Wire and iron）
屋顶雕刻：Permasteelisa

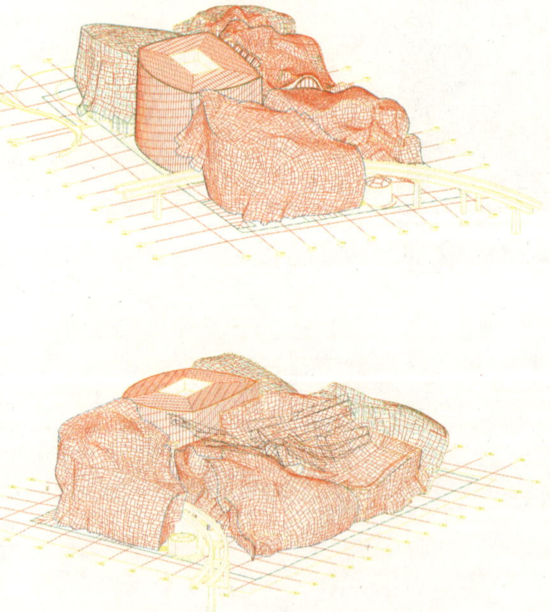

鸟瞰图中，建筑物连续弯曲的表面

在建筑物内部，人们可以清晰地看见主要结构和喷涂混凝土外壳

建筑物连续弯曲的表面变形成锐利的边缘，从而可以升高和折叠以显示出入口位置

多伦多耐候钢结构住宅（2000 年）

多伦多有别于其他城市的特点之一，是一系列引人注目的自然峡谷，它们打破了规则的城市网格结构。但是在花园郊区，沿着峡谷的住宅群大都相似，且没有固定位置，全无反映当地特殊地形的特征。由希姆 · 萨特克利夫建筑师事务所设计的新型住处果断地冲击着这个不知名的郊区。文雅的并与自然相协调的住宅开发了城市引人入胜的景观和面向南部的安大略湖，同时在形式和材料上反映着邻近峡谷的当地条件。

设计的景观将峡谷引入住宅，进而将住宅变成峡谷风景的延伸。长形的反射水池穿过住宅朝着城市之外的方向延伸。这种水道清楚地勾画出住户的两个主要体块，在西向与街道相邻的起居室和主人房间，以及在东向被旋转到

街道立面仅仅通过几个开口点缀，阐释了隐秘住宅的清晰入口

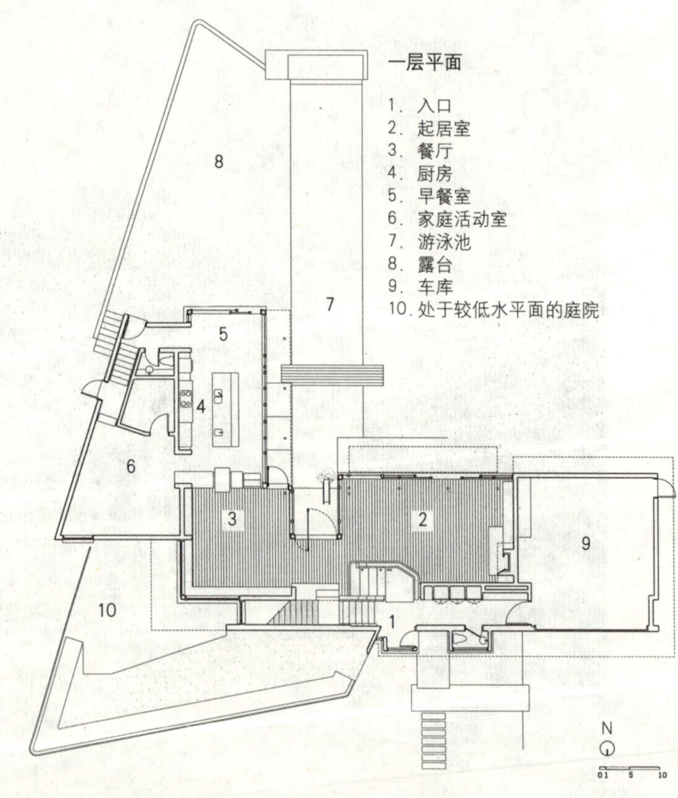

一层平面

1. 入口
2. 起居室
3. 餐厅
4. 厨房
5. 早餐室
6. 家庭活动室
7. 游泳池
8. 露台
9. 车库
10. 处于较低水平面的庭院

除了覆层以外，耐候钢被用来形成挡土墙，以形成一个作为家庭活动室的庭院，该庭院处于较低的水平面上

游泳池边缘的厨房、餐厅和儿童卧室。内部和外部的竖向循环被包含在平行于街道正面的类似长槽的空间中，这个槽形空间创造了在每个水平面上横贯水体轴线的路径。覆盖着耐候钢结构的住宅，通过有意的风化程序逐渐变得与自然协调。在随后安装的8个月中，覆层从处于自然状态的灰-蓝被氧化到生锈的颜色，跨度范围从橙色到紫红色。丰富的纹理覆层将继续慢慢变暗。

覆层被设计成防雨系统，这个防雨系统处于150mm厚的螺栓装饰的墙体之上，该墙体带有18mm厚的夹板罩子和防水隔膜。除了在螺栓之间的棉毡绝缘，厚度37mm的半刚性绝缘材料被安置在防水隔膜的外层，其中防水隔膜处于56mm×125mm的垂直沟槽之间，垂直沟槽承载着覆层面板，显出深深的凹缝。耐候钢通常因为大桥和其他市政工程而具有巨大的截面，这个覆层系统的沟槽和所有固定构件均由耐候钢钢板加工而成。住宅以400mm的模型被设计，模型建立在北美轻木框架系统基础上，并与2400mm×6000mm标准尺寸的钢板有效协调。因此钢覆层模型是800mm，并包含一个处于面板之间18mm的开口接合。在东立面、南立面和西立面，钢覆层仅仅出现在上层楼面，并且在一层的木材和玻璃幕墙将住宅完全开敞。对于面向街道的北立面，钢几乎延伸到地面，使住宅扎根场地，并创造了在街道和住处之间明确的私人入口。一个1250mm高面板的

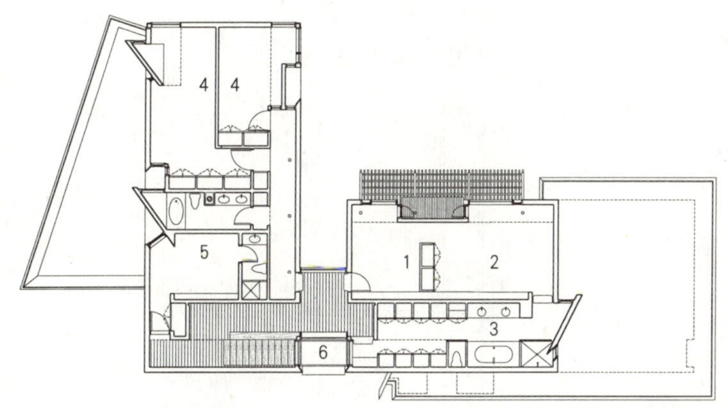

上部平面

1. 研究室
2. 主人卧室
3. 主人淋浴/化妆室
4. 卧室
5. 客房
6. 上空

覆层面板的中间带有突出翼，突出翼创造了强烈的光影模式，并形成面板下面不同的着色模式

一边将住宅包裹在第二层的地板处，同时上面带有 3m 高的面板。在同一水平面上的面板与一条倾斜到地下室的坡道相邻，其高度范围从 3m 到 4.5m。每个 4.5mm 厚的扁平板被焊接在背面的成角框架加固，同时齿根角倾斜到排水沟。距垂直中心大约 1m 的环被焊接在面板后部以阻止铸板凹陷。面板从隐藏的由角钢夹板组成的固定设备上悬挂下来，这些角钢夹板的垂直焊接间距为 1m，这个间距正好适合将槽形板焊接到槽沟中。面板通过带有垂直支撑沟槽的嵌置成角框架水平安置。较高的面板还具有附加的固定设备，该固定设备带有处于一层面板顶部的专门螺栓连接构件，以及在栏杆处连续的隐藏尖角。覆层被从顶部固定下来，开始于每个立面的中间，直到角落。

面板后面有一个连续的、18mm 间隔的空气层。这个空气层是相当重要的，它既能提高防雨性能，又能提高耐候钢的长期耐久性能——因为耐候钢过早的降解问题，20 世纪 70 年代以来，这种材料就没有被广泛地使用。尽管它需要湿气来氧化，但收集的雨水将导致其生锈，并使生锈现象持续下去而无法得到控制。随着薄片厚度少于 1mm，大量早期安装的薄片也逐渐锈蚀。希姆 · 萨特克利夫利用 4.5mm 的厚板，以及保证覆层的后端表面能全面通风晾干的方法解决了这个问题。据此阻止了生锈过程，而且现在形成的氧化层也保护了不需要养护的钢。

除了通过详述覆层提出材料的物理性能以

循环管道集中在与北立面平行的狭槽内

北立面断面

挡土墙与斜坡
1. 4.5mm 厚的耐候钢钢片
2. 处于 100mm × 100mm 的木材支柱上的 18mm × 88mm 雪松板
3. 处于 100mm × 100mm 木框架上的 "Trex" 木材聚合体
4. 6mm 厚的耐候钢板
5. 铺在沙子和砂砾层上的砖

北立面

6. 桃花心木窗
7. 18mm 花旗松拱腹
8. 处于绝缘的 50mm × 150mm 螺栓墙体上的耐候钢覆层面板（4.5mm 厚）
9. 两层的改良沥青屋顶构造
10. 桃花心木天窗

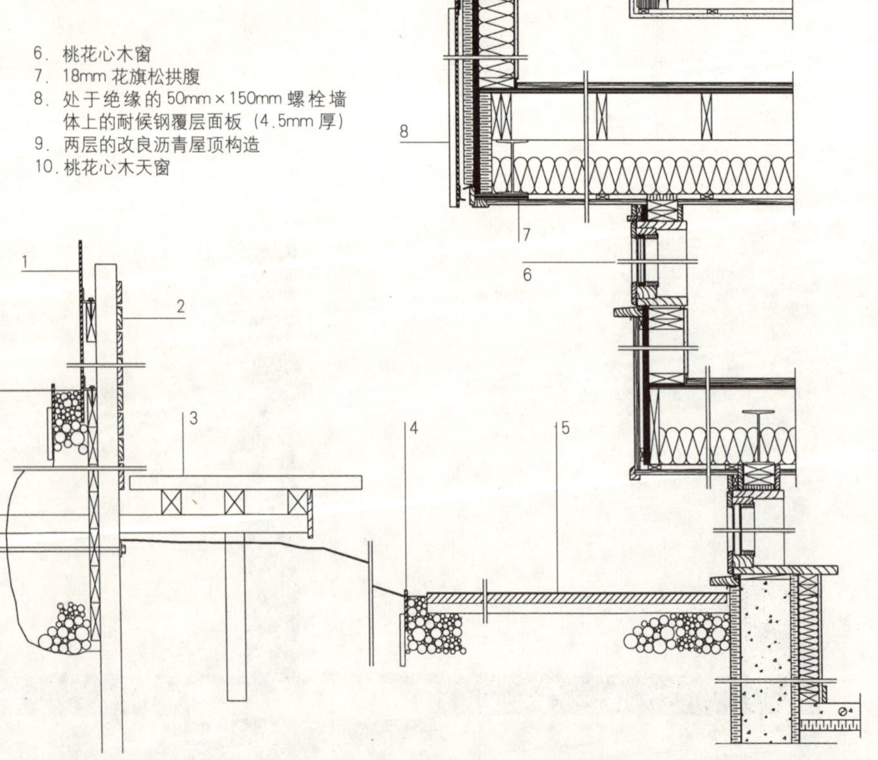

外，希姆·萨特克利夫建筑师事务所还控制着耐候钢的视觉效果。面板的中间带有填充每个接合处的伸出翼，从而创造出比上方和下方凹缝更强的光影模式。当与在地面一层偏移的面板接合处结合时，这些伸出翼——带有倾斜的突出基石——通过产生不同的着色模式增加覆层的纹理。详细有意识的设计创造了一种在材料厚薄之间的模糊性。材料的厚度形式通过粗面石隐藏的沟槽接合处与住宅角落处压缩形成的面板得到加强，该面板隐藏了钢板的超薄特征。这些角落处的面板经现场测量，在覆层支架固定之后被构造，同时它们提供了系统中的容差。钢片的薄度仅仅在面板栏杆处延伸出墙体顶部 76mm 的地方显示出来，从而接收通过接合处的日光。

不像外部覆层，位于入口处、楼梯之上以及壁炉地面周围的内部耐候钢通过丹麦家具油蜡密封。因此它提供了一个恒量，以与测量外部的渐进转化值相反。随着季节的更替，住宅的已建地基和它的景观将被逐渐整合入峡谷的生命中。

建筑师：Shim-Sutcliffe 建筑事务所
地点：加拿大多伦多
结构工程师：Blackwell 工程
机械工程师与建筑外壳性能：Ted Kesik
景观顾问：Neil Turnbull
游泳池：Waterarchitecture 有限公司
声响、照明、安全：Synergy
承包商：Kamrus 施工公司
耐候钢覆层：Tremonte 制造有限公司

典型的外墙装配

1. 处于成角框架上 4.5mm 厚的耐候钢板
2. 用螺栓固定的 125mm × 35mm 耐候钢沟槽
3. 在面板之间的 6mm 开口接合
4. 18mm 的空气间隔层
5. 37mm 半刚性绝缘材料
6. 空气屏障
7. 18mm 夹板罩子
8. 距离中心 400mm 处的 φ50 × 150mm 螺栓
9. 137mm 棉毡绝缘
10. 112mm 厚、带有箔片蒸汽屏障的石膏板

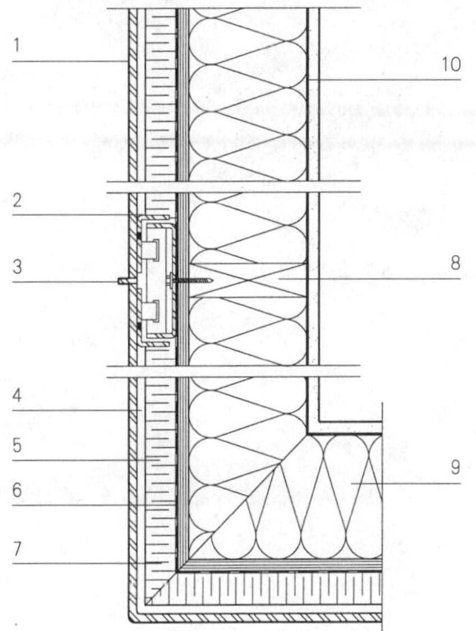

池塘与游泳池穿过宽大光滑的南立面，而且游泳池连接着住宅与峡谷

苏黎世信号塔（1999 年）

为瑞士联邦铁路新建设的信号塔位于苏黎士工业近郊，该信号塔被一些不知名的工棚、来往车辆以及上部密集的高压电线网包围着，这些都自然而然地进入它的周边环境。这是一个专门为信号塔容纳电子开关设备的建筑，而不是一个公共建筑。它惟一可容人居住的空间，是在设备房 2 层高的底座上用来俯瞰铁路的控制房。

现场研究显示，这是一个被火车刹车产生的铁质氧化物灰尘污染的地域场景。为了选择能够自然适应该环境的材料，吉贡／盖伊尔在混凝土和耐候钢之间，更加侧重于选择混凝土。在屋面和混凝土空心墙内的钢筋组成了一个法拉第钢筋笼。这个法拉第钢筋笼保护建筑内部的电子设备不受外部破坏。为了代替普通的灰色混凝土，空心墙外部面层用铁氧化物染色。随着设计的深入，吉贡／盖伊尔和一个色彩设计公司一起合作这个项目。

作为设计程序的一部分，设计者为了获得用金属氧化物给混凝土染色的方法，建造了一系列的实物模型。在灰和水泥的涂料溶剂中运用普通的砂和骨材，并且水泥本身用碎石做成的氧化铁颜料染色，而不是在灰色的水泥中添加彩色砂和骨料。使用这种方法就可以做出在化学角度上与火车刹车产生的氧化物颗粒同一种颜色的材料了。红色、深茶色和炭黑的混合物在混凝土中占 8%的比例。实物模型显示，利用模板可以把颜色很好地染在光滑的混凝土表

信号塔处于围绕铁路的工业区内，显得很不起眼

面上。当模板拆除时，被染色的混凝土已经具有了5年的耐候钢才具有的丰富颜色。这些颜色包括紫色、橘色和亮黄色等其他混合色。每种颜色随着日光和外部天气的变化而改变，使得整个建筑像变色龙一样融入环境。

金属在顶层控制室的窗户中起着同样重要的作用。根据美国太空人盔饰的面罩上使用金色护膜做太阳防护的原理，建筑师们利用镜面玻璃的外层做成内部封闭的窗户，而该玻璃表面布满具有反射性能的金色护膜。利用25mm的空隙与外部环境隔离，这一屏障看起来似乎在内部开启。与混凝土的不光滑表面形成对比，控制室的反射窗户像眼睛一样调焦，白天反映出天空颜色的变化，晚上则变成透明的，便于

设计者开始研究探索适合于当地的材料以及颜色的范围

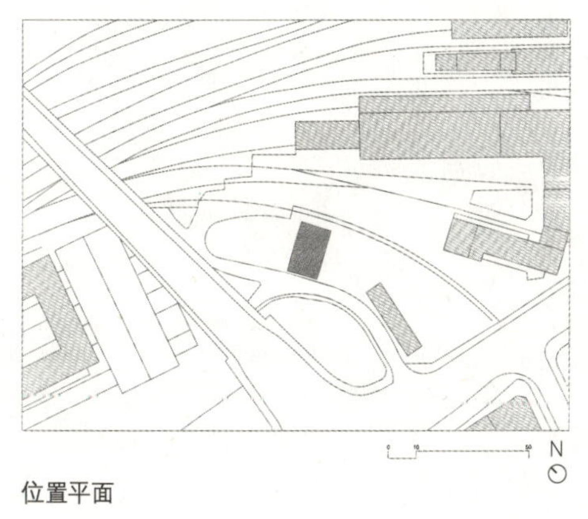

位置平面

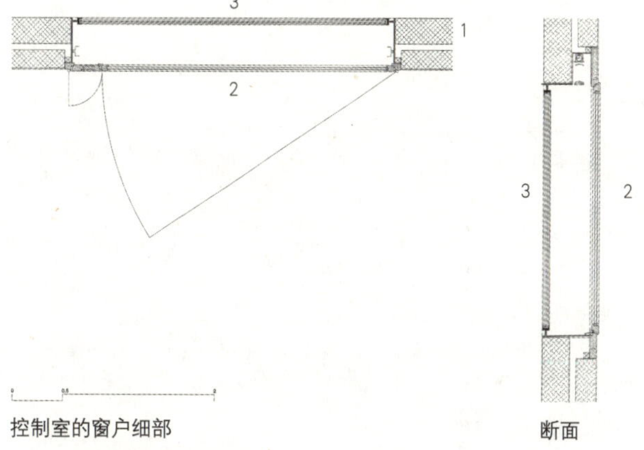

控制室的窗户细部

断面

1. 钢筋混凝土空心墙
2. 清晰的双层玻璃，内置可开启百叶帘
3 金质气化材料涂层，外部为固定百叶帘

建筑物的颜色随着不同的光照条件而变化，并且由于氧化铁这种材料与天气变化密切相关，建筑物的颜色还将随着天气变化而变化

人们准备颜色样本来匹配在当地已被染色且带有灰尘的混凝土颜色

信号控制员对控制器进行检视。

此方案是一个合作方案，而不是一个独立的艺术图稿，这就给区别建筑师和艺术家的贡献工作增加了难度。吉贡／盖伊尔正在其他项目上进一步探究如何使用金属颜料给混凝土染色。在他们对温特图尔市（Winterthur）附近的赖因哈特进行扩建的过程中，铜粉被作为湿的混合剂添加到为墙体预制的混凝土中。因为纯的金属粉末并非是一种非常稳定的颜料，所以氧化过程是很难控制的，它会随湿度的变化产生含有不同杂色的绿色色彩。利用铜颜料“老化”混凝土，很快会使新的建筑外观成为类似已建成建筑的版本。最近在 Broelberg 完成的住宅方案中，用了来自法国 Massif 中心的金属颜

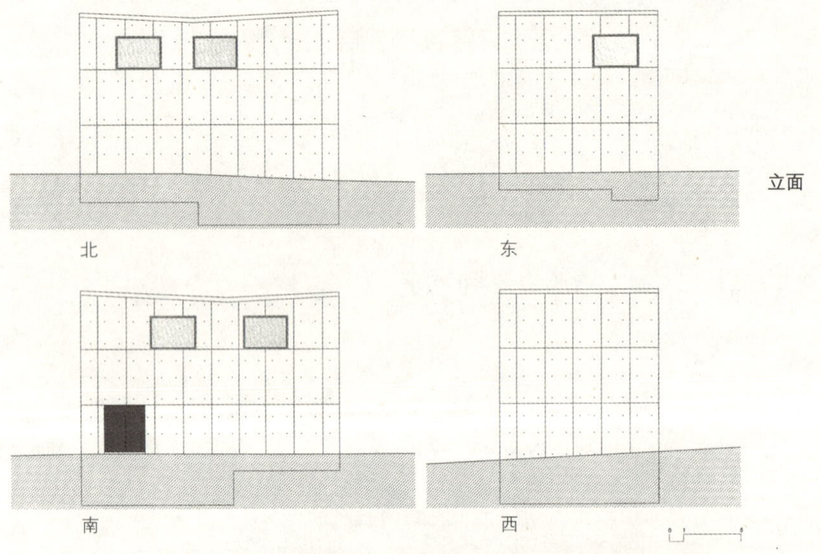

立面

人们准备实体模型并进行评估，以测试对混凝土染色的方法

料来渲染强烈、稳定的红色混凝土。这些方案均体现了建筑师和艺术家的完美结合。

吉贡／盖伊尔从普遍存在的材料中选择特殊性能的材料，而非寻找新的和实验合格的材料。金属粉末和金属颜料调节了每个混凝土建筑外观的独特性，以及在感觉上的颜色概念。金属色的混凝土提供了一种能通过天气变化来密切联系其所处环境的一种材料。

建筑师：Gigon/Guyer
地点：瑞士苏黎世
艺术家：Harald F.Muller
结构工程师：Conzett
设备工程师：Baumgartner,Elkom
承包商：Eicher

所期望的颜色与制动列车产生的氧化铁灰尘的颜色相同

建筑物较低的两层容纳着铁路信号发射设备

在设备房间上面，从控制室窗户向外能看到铁轨

美国民间艺术博物馆（2001 年）

纽约的美国民间艺术博物馆，多年来一直位于曼哈顿的一个商业建筑内。因此，人们要求把新的民间艺术博物馆建成一个具有强烈社会公共机构特征的重要建筑。处于中心街区第 53 大街，建筑距离街道只有 12m，周围被较大的艺术博物馆所包围，陶德 · 威廉姆斯和比利 · 特西恩（Billie Tsien）遇到了这样的一个建筑设计挑战：要求所设计的建筑可以提供强烈的公共特征，同时创建隐秘的，并与周围比例协调的艺术陈列室，这个艺术陈列室包含许多小的物体。

一个 2 层高的主入口被用来作为商店和一个夹层的咖啡厅；一部电梯用来把游客送至顶层。在那里，他们从视觉上降低了 4 层陈列室每层的高度，并且陈列室被向上的灯光穿透。为了代替每层的序列，多条路线可使每位游客都能发现自己所喜欢的游览路线。令人惊讶的是，朝南的入口正面被构思成远离街道的挡板，该挡板是不透明的，并呈折叠状。这使表面更加生动，从而把西立面暴露在早晨凉爽的光线之下。在晚上，这些平面退进阴影里，街面上向上照射的灯光使建筑物顶部突出的三角形平面显得更加突出。在探索适合正立面的材料方面，威廉姆斯和特西恩打算使所选择的材料能够提高吸收光线的能力，并且能反映出博物馆所珍藏的民间艺术的独特特点。顿巴希尔耐磨硅黄铜（Tombasil）是具有 54% 紫铜成分的青铜，因为它温暖的颜色、反射率、优良的强度、

虽然这个现代化建筑具有曼哈顿的标准，但是美国民间艺术博物馆仍有强烈的街道景观特征

该区块的鸟瞰图

抗风化以及铸造特性而被选择。消防喷嘴和轮船的螺旋桨都是用这种合金做成的，但是这种材料在建筑上还从未使用过。代替金属片覆层系统，铸造面板既具有混凝土特性，又具有不锈钢面层的特性。像用模板浇筑的混凝土一样，铸造青铜变得既像金属又像石头。在正面东边缘的混凝土铸造面板具有凹窝和细裂缝，然而在西边缘和上部的金属面板则具有比较光滑的平面，好像熔化金属飞溅的斑点一样。从表面可以看出它的制造过程，很直观地说明了与民间艺术的联系。

组成正面的62块青铜面板是在组约的Tallix 铸造厂铸造的，对Tallix 铸造厂的工匠来说，这是第一份与艺术家合作的建筑幕墙

青铜覆层面板是一个支撑在垂直不锈钢轨（外有一层防水膜）上的有接缝的幕墙体系

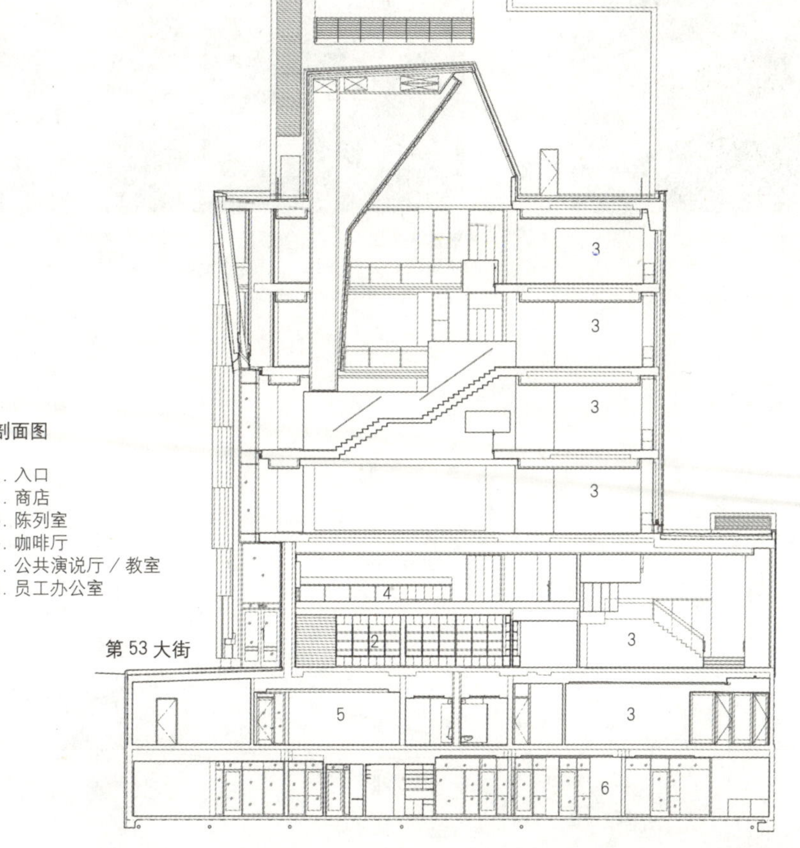

剖面图

1. 入口
2. 商店
3. 陈列室
4. 咖啡厅
5. 公共演说厅／教室
6. 员工办公室

合同。在与 Tallix 合作过程中，威廉姆斯和特西恩探索了一系列的技术问题，建造了一系列的实物模型，并且通过试验来决定生产的方法和检测金属面板的性能。因为顿巴希尔耐磨硅黄铜在直接打开铸造模具的时候非常容易起泡，设计者就采用了注入树脂的砂子模具来铸造混凝土。可以再次利用的不锈钢板被用来铸造具有比较光滑面层的金属板。铸造完成的青铜面板理论厚度是 9mm，但是实际厚度却在 6 ~ 16mm 范围内，就像薯条一样，都超过表面 150mm 左右。为了调整尺寸大小和磨光时的不规则移动，这些金属面板被焊接在金属面板后的不锈钢框架调整平了。在地面层可以接触到较高的金属面板，它们的边棱全部被磨成圆弧形的光滑侧面。许多金属面板具有在铸造过程产生的细小裂缝。所有的金属面板都做了风压试验、孔隙率试验和冻－融试验。在保证结构完整的区域，微缝用熔化的顿巴希尔耐磨硅黄铜来填充。先将框架加工并焊接到金属面板之后，再将金属面板用密封剂处理，以防止由于氧化作用而使金属面板表面变暗。

顿巴希尔耐磨硅黄铜盖板是一个暴露接缝的雨幕系统。为了承担面层相当大的负荷——最大的面板重达 815kg——在正面和每层楼板的周围是一个 150mm × 150mm × 6mm 的管状金属框架墙，管状金属框架被焊接在预埋于混凝土板正面的金属板上。这个框架在距中心 300mm 处与轻质镀锌钢板和墙筋一起被预埋进混凝土中，并且在其外部设有防水和刚性的保温材料。在折叠上除了特殊的单位要求之外，青铜色嵌板在理论上有 3015mm 高，600mm、1200mm，或者 1800mm 宽。为了增加这个适度建筑物的

被包裹扭曲了的铸造面板通过在其背面焊接不锈钢框架而变平了。焊接在框架上的杆滑落到 L 形槽沟中，该槽沟处于垂直不锈钢支撑的轨道上

南立面平面图

1. 突出的混凝土墙
2. 玻璃
3. 外墙：顿巴希尔耐磨硅黄铜雨幕覆层系统
4. 内墙：轻钢龙骨上的石膏板
5. 混凝土柱

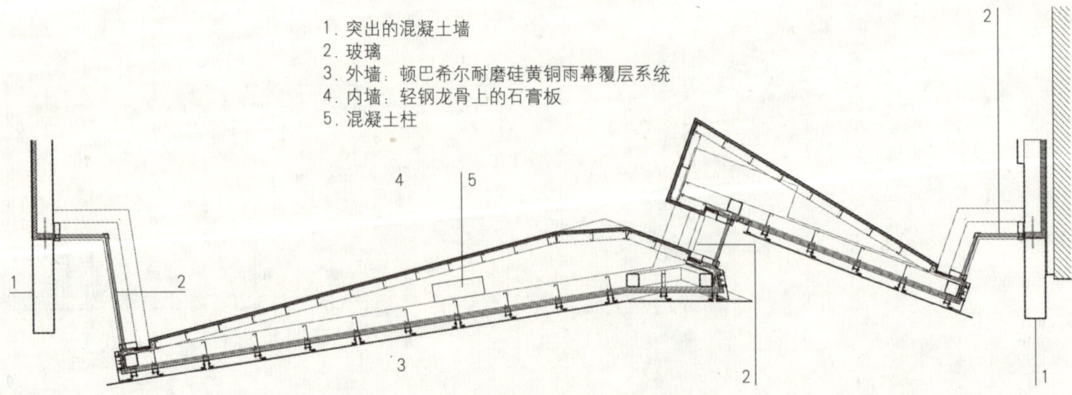

比例，并产生一个个独立的外部感觉，面板高度是小于 4.3m 层高的。因此水平接缝和每层层高是没有联系的，而且面板的宽度是随意设置的。将注意力集中在材料而不是接缝上，威廉姆斯和特西恩有意识地回避了栅格的形成。

青铜色的面板被夹板固定在墙筋上，并用有槽孔的、垂直的不锈钢槽支撑，由此为定位正面的垂直面板和安置每块面板提供了误差的范围。不锈钢槽为了与面板的角保持一致，提前做成了 L 形的狭槽。在面板后面焊接的金属杆正好可以在不锈钢槽内滑动，这样就允许或左或右的 13mm 的调整。面板之间 25mm 的开缝确保了在盖板和防水薄膜之间 75mm 空隙的压力均衡。因为拥挤的曼哈顿交通的限制，面板被以即时的方式从铸造厂运送至现场。一个活动吊车和三名工人把每块面板安置到位，从下向上安装，每天最多安装 4 块嵌板。

这种正面的不透明性仅仅被狭窄的、明确安置的玻璃所打破。沿垂直褶皱切断，正面东边缘向后退产生了一个 600mm 的错台。装饰板与玻璃之间的空隙用适合任意方向的不锈钢装饰条封闭。玻璃和装饰板之间的来回滑动轨道用无方向的不锈钢盖板作为装饰面。正面在两个深深的凹槽之间，折叠式的玻璃和鳍状混凝土与彼此分离的墙连接。在这些交点处，面板的边缘和背面是暴露在外的，显示了青铜层的厚度。玻璃上的一个 600mm 的水平狭槽将正面转换成一个在地面层上可以旋转的漂浮平面。

美国民间艺术博物馆精细的、富于美感的正面在筑造学上为另外一个具有大型青铜面板的西格拉姆大厦（密斯 · 凡 · 德 · 罗设计）提供了一个可供选择的范本。与其工业生产的

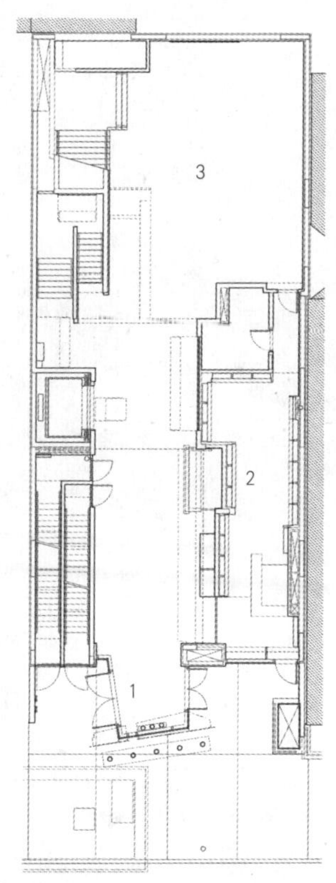

地面一层平面图

1. 入口
2. 商店
3. 变换的展厅

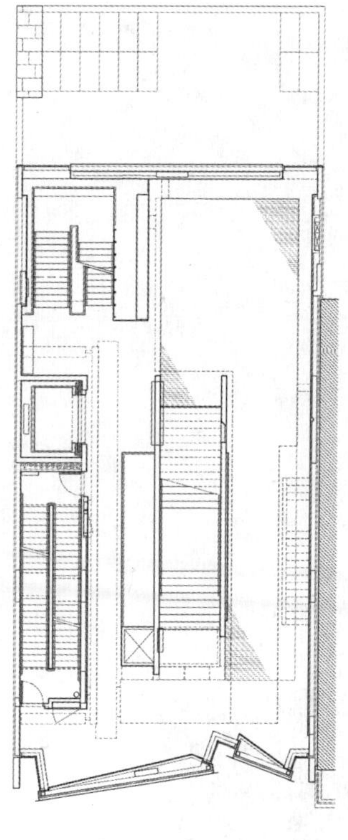

同层的三个陈列室

建筑成分中完美表达的质朴精度相比，威廉姆斯和特西恩的金属外表在不完整性上更展现了它的优美。

实际比例的模型被用来研究金属和混凝土上的浇铸面板在结构上的差异

覆层的典型节点平面图：

1．在距离中心300mm处的50mm轻钢螺栓
2．12mm厚的水泥基层
3．防水薄膜
4．不锈钢挂钩
5．63mm×63mm具有圆长孔的垂直不锈钢轨道
6．50mm厚的刚性绝缘板
7．75mm的空隙
8．150mm×150mm的不锈钢成角支架，该支架具有焊接到面板上的直径12mm的固定螺栓
9．9mm厚的顿巴希尔耐磨硅黄铜嵌板
10．25mm的开口接合

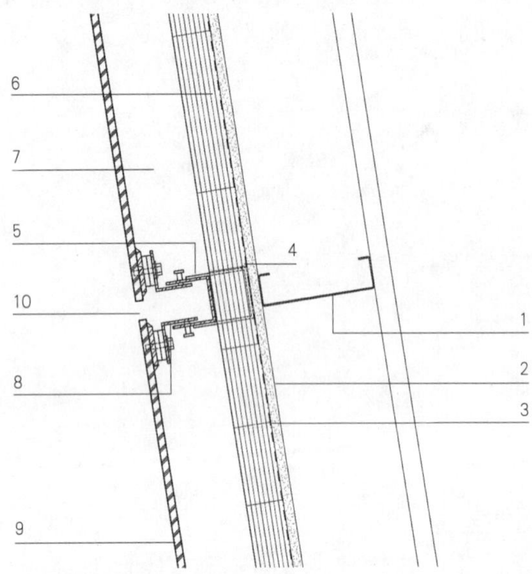

街道标高处的剖面详图：

1．带有19mm厚石灰石面层的混凝土地板
2．处于防水和绝缘材料之上的混凝土路面
3．600mm高的双层玻璃的条形窗户，该窗户具有不锈钢竖框
4．顿巴希尔耐磨硅黄铜嵌板
5．150mm×150mm×6mm的RHS结构钢架
6．次轻钢龙骨上的20mm厚的不锈钢面板

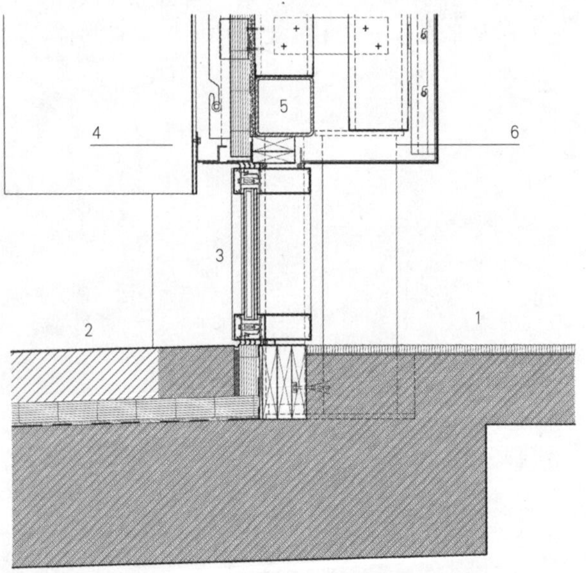

覆层有凹痕的表面是反映制作过程的记录

业主：美国民间艺术博物馆
地点：美国纽约
建筑师：威廉姆斯与特西恩联合事务所
助理建筑师：Helfhand Meyerberg + Guggenheimer 建筑事务所
结构工程师：Severud 联合事务所
机械、电力与管道工程师：Ambrosino De Pinto 与 Schneider
幕墙顾问：Axis 集团有限公司
照明顾问：Renfro 设计集团
承包商：Pavarini 施工公司
青铜嵌板供应商：Tallix Foundry
嵌板安装：金属装饰公司

人们集中注意的是材料而不是面板的连接处，面板被随意地排列

旧金山 Prada 塔（2004 年）

新建的 Prada 建筑物坐落在美国旧金山市中心历史上著名的保护区，起着一种细致微妙的平衡作用，它敏感地反映这座城市的内涵，并且对购物审美观和建筑技术作出创新。这个提议建在联合广场购物街区内 Post 和 Grand 大街拐角处的 10 层建筑被构思为一个很小的标志性的塔式建筑物，它由大都会建筑事务所（OMA）办公室设计，目的是为时装公司提供存储与办公空间。为了建造到最大允许高度，9∶1 的 FAR（floor area ratio，地块区域比值）通过放弃对外部空间开放的整个第六层平面而取得。这依次阐明了作为一对体形迷人的 4 层立方体建筑的组织状态。下层的立方体包含 Prada 商店，同时带一个与上层立方体分开的公共户外露台，另外包括 Prada 展览室、办公室和一个 VIP 高级住房。层高范围 3.35 ~ 5.5m，并且每层都有一个独特的空间结构和内部不同颜色的装饰。

这个充满活力的多样性形式被一个中立而又神秘的若隐若现的面纱笼罩着。除仅有的玻璃幕墙外，通过原实体尺寸模型的广泛应用而发展起来的不锈钢外皮，既是建筑防风雨的表皮又是结构体系完整的一部分。为了符合旧金山苛刻的地震要求，钢骨构架被装在与基础同标高的独立的支撑结构上。但是为了使建筑结构更为牢固，OMA 选择了横隔板结构代替传统用来加固框架结构的斜支撑。为了满足结构要求，不锈钢正面的厚度必须是 25mm。为了减轻自重和扩大建筑内外的视野，选择在 295mm

建筑表皮的模糊——既重又轻，既透明又不透明

外皮既能为建筑防风雨，又是结构体系的关键组成部分

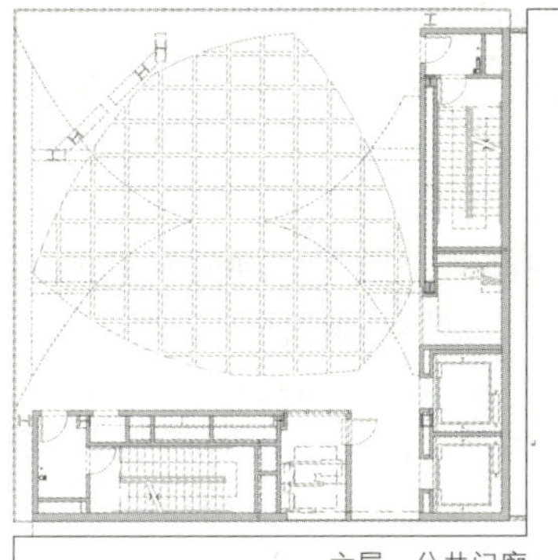
六层：公共门廊

每层的层高变化，同时每层有不同的平面和内部不同颜色的装饰面

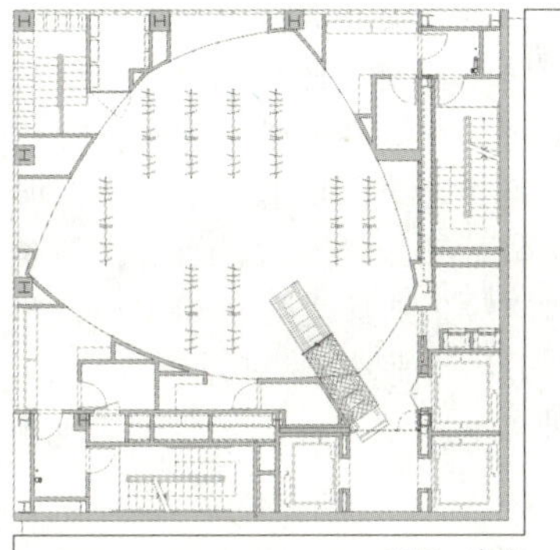
五层：商店

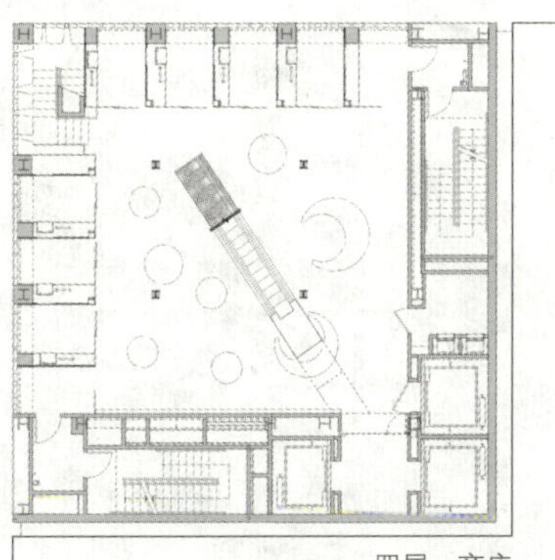
四层：商店

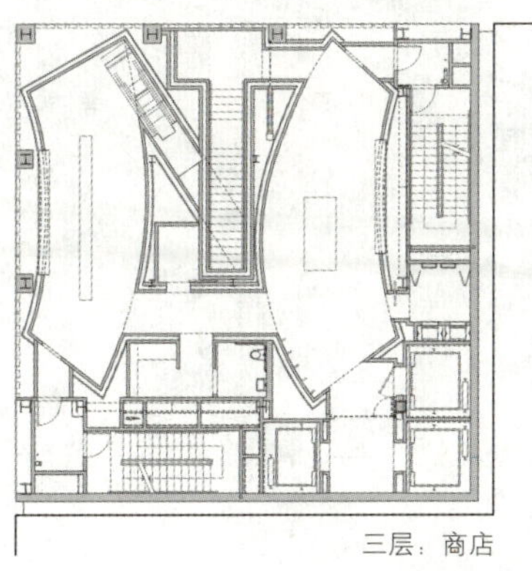
三层：商店

宽的交错栅格上打圆孔。这些用水注切成的对表皮平面成直角的圆孔有 11 个尺寸，直径范围从 63mm 到 188mm 不等。栅格、孔的分布和大小，是 ARUP 工程师们经过严格的数据分析之后决定的，同时反映不锈钢板可以承受的来自侧向的压力。在压力相对较小的区域，可以节省一部分材料，只留下满足结构需求的材料即可。在与内部框架结构连接的地方，金属板不能被打孔。在这些区域，不锈钢栓塞被固定在栅格的表面，这种做法既加强了结构又保证了栅孔的连续性。

每个超过 15000 个孔洞的区域要被填充起来，通常栓塞的厚度是 32mm。其中填充的低铁玻璃与内部饰面以及与外部面层均是平齐的。

模型探索了适合在不锈钢表皮孔洞内的一系列填充材料

通过不锈钢面罩，结构框架清晰可辨

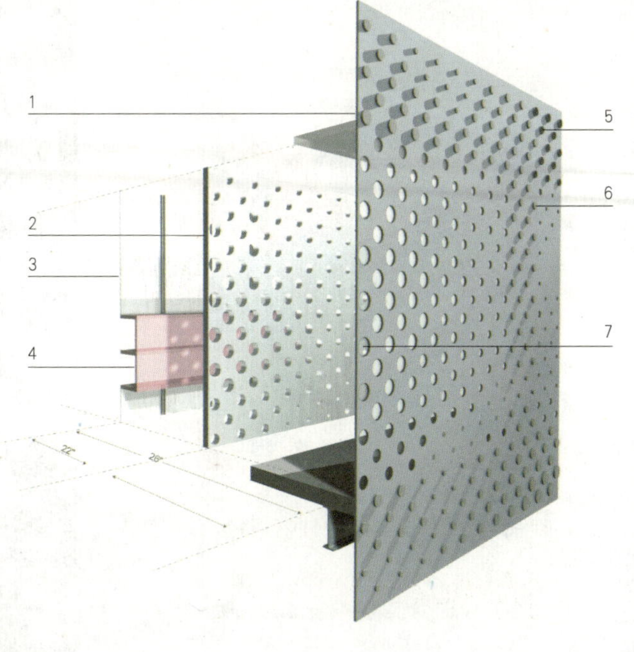

建筑外皮层次划分

1．25mm 厚的不锈钢板
2．100mm 厚的银箔绝缘饰面
3．18mm 厚的聚碳酸酯板
4．透明的树脂架子
5．通风百叶帘
6．在板柱上突起的不锈钢盘
7．超清晰的玻璃塞

用水柱切割的、直径小于10mm的孔洞要填充起来，玻璃用黑色氯丁橡胶固定在不锈钢的凹槽里。玻璃和金属的交汇处在外部处理完毕，并且圆孔用不锈钢百叶帘填充，作为通风和空调的出入口，栓塞采用石灰华色，与街区中邻近的历史性建筑相协调。栓塞是用水柱切割成的100mm厚的泡沫玻璃板，以此与金属外壳大小相匹配，这些栓塞与内部的不锈钢饰面平齐，起到绝缘和阻挡外部水汽的作用。这些做成的夹心板有一些内部饰法，包括CNC（切割成的白色玻璃纤维）——可在洞口周围来回滑动的加强石膏板、具有粉红色树脂支架的聚碳酸脂，以及被OMA拓展了的Prada的绿色海绵体泡沫。

不锈钢的夹心板将被打孔并进行喷珠处理，以便在工作间散发柔和的光芒。为了以建筑跨度的高度模数形式运输到现场，它们将被用塔吊吊到这个区域。并且这个夹心板后面的角度楔子也被焊接到金属结构的柱子和梁上。为了产生横隔板结构，所有的垂直节点随后也将被焊接并磨光。这个夹心板将被再次喷珠处理，并且固定不锈钢栓塞使栅孔完善。水平的节点将以18mm宽的镶嵌在凹槽里的氯丁橡胶垫片显示，它重复了建筑内部的规划层次。板的镶边仅仅在区域的转角处断开，为了控制误差，一个面板围绕转角被折叠伸出500mm，并用18mm宽的框边和其他表面分开。

经过喷珠处理的不锈钢会被天空和其他邻

所提议的不锈钢表皮在从无形的玻璃幕墙变为可感知的皮肤过程中，厚度呈明显变化

该建筑旁边同尺寸大小的实体模型

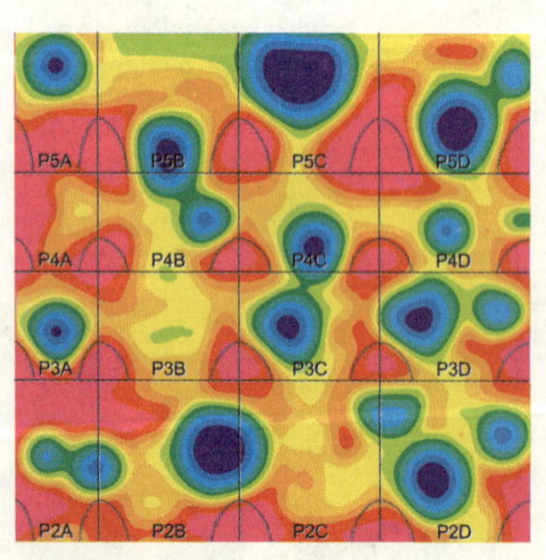

对被抵制的侧向压力数字进行分析，以此来决定格栅，以及孔的分布和大小情况

近建筑以及经过圆孔的每层的独特色彩加以渲染。在面纱后面，钢骨构架是可见的，并且在这历史性的建筑群当中，其结构旋律也是清晰的。在建筑物里面，通过商店层的圆孔可以看到外面完整的街景。更重要的是，即使是在白天，这些圆孔也不会影响到购物的顾客。

规则的不锈钢在每个区域的底部位置处断开，以便与街区的环境相协调。为了吸引顾客而把当街的立面抛光，露天平台用不锈钢网片围护。这些不锈钢网片并不像横隔板那样起着结构作用。在地震的时候，建筑物的上部结构和较低的区域可以独立地移动，这样就大大减弱了上部结构的摇摆幅度。在视觉上，从外面大街上看，不锈钢网片是不透明的，但是从里面向外看是透明的；在公共平台和咖啡吧透过不锈钢网片可以看到城市的全景。

在与周围环境配合的设计方面，OMA 已经作出了比流行时尚更好的表达。他们的方案打破了原来历史性“黑盒子”式的建筑体形和保守建筑的挑战，示范了如何将一栋现代建筑巧妙地容入历史性内涵当中。排除了现代建筑结构和外形的差异，强调了外形的轻盈和建筑的透明度，旧金山的 Prada 开创了建筑材料如何被更好利用的典范。

业主：Prada,I.P.I. 美国公司，纽约
地点：美国加利福尼亚州旧金山
建筑师：鹿特丹 OMA 办公室
执行建筑师：Brand+Allen 建筑事务所，旧金山
结构与机械工程师：Arup，洛杉矶
立面设计顾问：CDC 有限公司，达拉斯

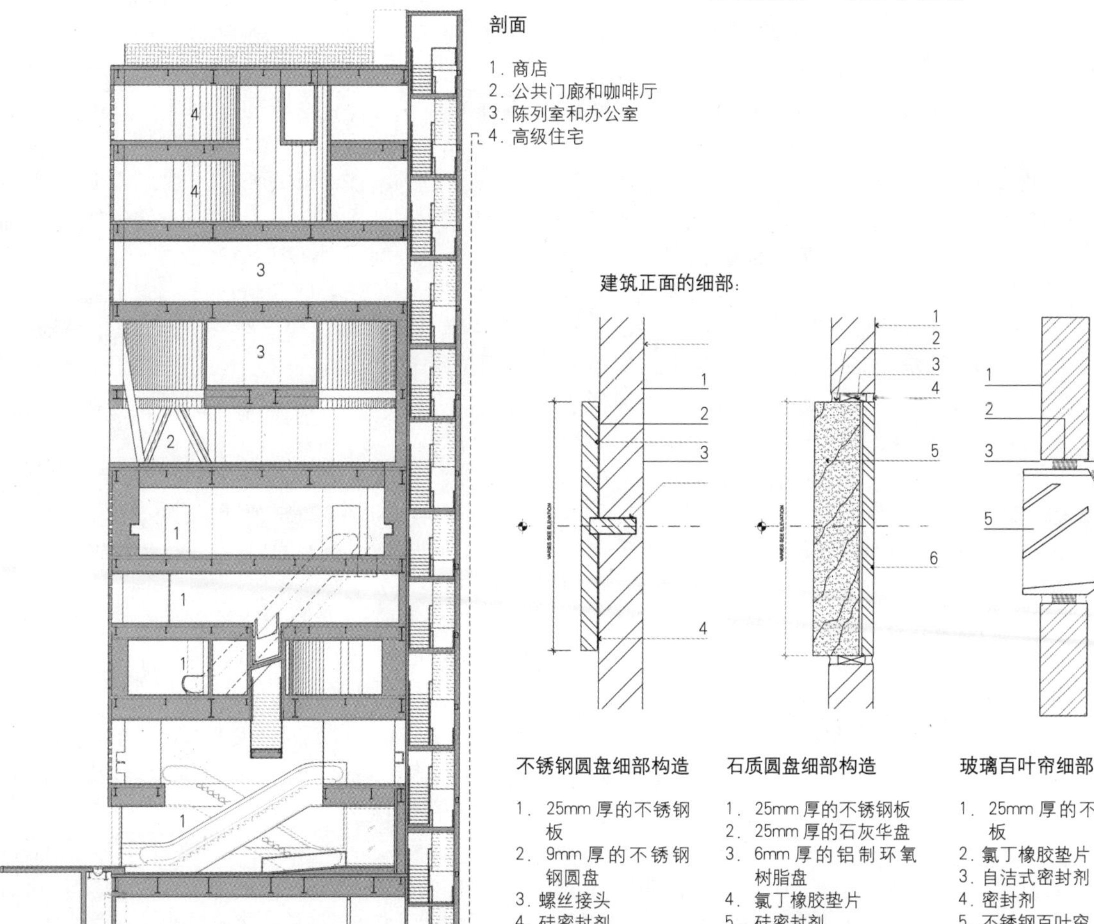

致 谢

本书的出版得到英国钢铁公司的慷慨支持。

密歇根大学建筑和城市规划学院以公休假的形式提供支持，以便利用这段时间集中开展该项目。特别感谢同事萨达希瓦·马尔雅(Sadashiv Mallya)对目录数字图像所作的勤勉的工作；感谢克里斯琴·安沃塞格(Christian Unverzagt)提供了数字化方面的建议；哈里·贾尔斯(Harry Giles)提供了结构方面的指导，还有密歇根媒体协会的丽贝卡·布赖斯(Rebecca Price)帮助找到了大量相关疑问的答案。

如果没有当前项目的建筑师、工程师和制作商的协助和能够在设计、建造和完成环节中利用图片熟练记录这项工作的摄影师，这本书不可能出版。另外在插图方面，许多个人一直提供相关的帮助：亨特联合事务所的艾伦·琼斯(Alan Jones)；Arup的塞西尔·巴尔蒙德(Cecil Balmond)、西蒙·卡德韦尔(Simon Cardwell)、堂娜·克兰登宁(Donna Clandenning)、查理德·霍夫(Richard Hough)、丹尼尔·伊梅德(Daniel Imade)以及波林·雪莉(Pauline Shirley)；简·维尔尼克联合事务所的简·维尔尼克(Jane Wernick)；布罗·哈普尔德工作室的史蒂夫·布朗(Steve Brown)、海伦·伊莱亚斯(Helen Elias)、莎拉·约翰斯顿(Sarah Johnstone)以及哈什·米斯特雷(Hash Mistry)；Skilling Ward Magnusson Barkshire的朱莉·杰克逊,(Julie Jackson)以及杰伊·泰勒(Jay Taylor)；吉福德建筑事务所的彼得·卡兰(Peter Curran)；佐佐木结构咨询公司(Sasaki Structural Consultants)的小西筒井(Konishi Yasutaka)；Waagner Biro的约翰·诗卡(Johann Sischka)；沃森钢铁的彼得·米勒(Peter Miller)；A.Zahner公司的比尔·扎诺(Bill Zahner)；福斯特建筑事务所的凯蒂·哈里斯(Katy Harris)、伊丽莎白·沃克(Elizabeth Walker)以及休·怀特黑德(Hugh Whitehead)；理查德·罗杰斯建筑事务所的蒂娜·威尔逊(Tina Wilson)；威尔金森·艾尔事务所的基思·布朗利(Keith Brownlie)以及伊泽贝尔·考文(Isobel Cowen)；托德·威廉姆斯–比利·特西恩联合事务所(Tod Williams Billie Tsien & Associates)的托德·威廉姆斯(Tod Williams)、比利·特西恩(Billie Tsien)以及菲利普·赖安(Philip Ryan)；伊万·瑞彻建筑事务所(Ian Ritchie Architects)的安东尼·萨默斯(Anthony Summers)；伊东丰雄联合建筑事务所的西村麻里子(Mariko Nishimura)；尼古拉斯·格雷姆肖建筑事务所(Nicholas Grimshaw and Partners)的堂娜西亚·坎贝尔和莫雅·奥康娜(Donnathea Campbell and Maire O' Connor)；马克斯·巴菲尔德建筑事务所(Marks Barfield Architects)的马里亚·卡斯塔尼达和马尔科姆·库克(Maria Castenada and Malcolm Cook)；盖里建筑事务所的基思·门登赫尔(Keith Mendenhall)；建筑设计事务所(BDP)的科林·艾伦(Colin Allan)；Marc Mimram的瓦莱丽·巴里(Valerie Barry)；彼德·库卡(Peter Kulka)的索菲娅·帕奇亚达基斯(Sophia Pachiadakis)；柯尼希斯建筑事务所(Königs Architekten)的马尔里希·柯尼希斯(Ulrich Königs)；吉贡/盖伊尔的索尼亚·富伦(Sonja Furren)；DWL建筑事务所的纳塔利·埃斯皮诺萨(Natalie Espinosa)；OMA的让·科尼可(Jan Knikker)、乔什·拉莫斯(Josh Ramus)以及欧拉·希仁(Ole Scheeren)。

关于毕尔巴鄂古根海姆博物馆的文字来自安妮特·勒古耶为《建筑评论》(1997年12月)和《现代世界的70个奇迹 》(泰晤士河和哈逊河流，2002年)撰写的随笔。

真诚感谢在Birkhauser和亚历山德拉·卓勒(Alexandra Zoller)工作的利雅·斯坦(Ria Stein)和安格利卡·施奈尔(Angelika Schnell)，感谢他们对本书的鼓励、指导、编辑、设计和翻译，还要感谢他们对书中必须解决的无数细节的复核。

最后，感谢布赖恩·卡特(Brian Carter)所提供的时间、支持和独到的见解，此外，他还为我创造了充足的工作空间。

参考书目

开姆尼茨体育场

Balmond, Cecil. "Informeller Diskurs über die Konstruktion," *Arch+* No. 131 (April 1996) pp. 34-39.

Brensing, Christian and Schmidt, Michael. "Splendid Isolation?" *Architekt* (Nov 1996) pp. 698-701.

Königs, Ulrich and Ruby, Andreas. "Toward Moreness," *Assemblage* No. 33 (August 1997), pp. 36-45.

圣奥斯特尔"伊甸园"项目

"Eden regained: Nicholas Grimshaw & Partners in Cornwall," *Architecture Today* (June 2001) pp. 44-58.

Pawley, Martin. "Domes of Discovery," *World Architecture* (January 2001) pp. 100-107.

"The Eden Project, Cornwall," *DETAIL* (September 2000) pp. 987-989.

西雅图体验音乐博物馆

Bruce, Chris. *The Building* (Seattle: Experience Music Project) 2000.

Giovannini, Joseph. " Experience Music Project," *Architecture* (August 2000) pp. 80-91.

Linn, Charles. "Creating sleek metal skins for buildings," *Architectural Record* (October 2000) pp.173-178.

Russell, James S. "The Experience Music Project," *Architectural Record* (August 2000) pp. 127-137.

Slessor, Catherine. "Are You Experienced?" The *Architectural Review* (October 2000) pp. 72-77.

Thomas, Frank. "Rocking for the clampdown: creativity, corporations and the crazy curvilinear cacophony of the Experience Music Project," *Harvard Design Magazine* (Fall 2002-Winter 2003) pp. 38-45.

盖茨黑德千禧桥

Wilkinson, Chris and Eyre, Jim. *bridging art & science* (London: Booth-Clibborn Editions Limited) 2001, pp. 206-215.

格拉斯哥塔

Horden, Richard. *Light Tech: towards a light architecture* (Basel: Birkhäuser) 1995.

Weinstock, Michael. "Engineering exigesis: soft materials, strong structures," *Architectural Design* (March 2002) pp. 119-124.

英国博物馆大展苑

"British Museum Courtyard in London," *DETAIL* (September 2001) pp. 1042-1049.

Dixon, Jeremy. "Foster's Great Court," *Architecture Today* (February 2001) pp. 14-36.

Pople, Nicholas. "Caught in the web," *RIBA Journal* (February 2001) pp. 36-44

威尔士国家植物花园巨大的玻璃房

Melhuish, Clare. "Green, green glass of home," *The Architects' Journal* (September 14, 2000) pp. 30-39.

"Taking the brief," *The Architectural Review* v. 211, n. 1262 (April 2000 supplement) pp. 4-5.

毕尔巴鄂古根海姆博物馆

Dal Co, F. & Forster, K. W., *Frank O. Gehry* (New York, 1998)

Forster, K., *Frank O. Gehry, Guggenheim Bilbao Museo* (Stuttgart/London, 1998)

Iyengar, H., Novak, L., Sinn, R. & Zis, J., "The Guggenheim Museum, Bilbao, Spain", *Structural Engineering International* (1996), 227-229.

"伦敦眼"

"Full Circle: Marks Barfield on the South Bank," *Architecture Today* (May 2000) pp. 35-54.

Lambot, Ian, ed.. *Reinventing the Wheel* (Haslemere: Watermark Publications, 2000).

伦敦千禧桥

"Norman Foster: Millennium Bridge, London, U.K.," *GA Document* (April 2002) pp. 100-105.

"Pedestrian-induced vibration of footbridges," *The Structural Engineer* (5 December 2000) pp. 13-15.

伦敦千禧年穹顶

Parker, Dave, ed. "Engineering the Millennium Dome," *New Civil Engineer Supplement* (February 2000).

"The construction of the Millennium Dome, London," *DETAIL* (September 2000) pp 1018-1023 and 1040-1043.

Wilhide, Elizabeth. *The Millennium Dome* (London: HarperCollinsIllustrated, 1999).

美国民间艺术博物馆

Arnold, Hadley, ed. *Work Life, Tod Williams Billie Tsien* (New York: The Monacelli Press, Inc. and Tod Williams and Billie Tsien) 2000.

McGuire, Penny. "City folk" *The Architectural Review* (February 2002) pp. 68-73.

Moore, Rowan. "The rock in a hard place," *Domus* (March 2002) pp. 30-43.

Moran, Michael. "A design problem" (interview) *Architecture* (February 2002) pp. 76-85.

菲尼克斯中心图书馆

Barreneche, Raoul. "High heat, high tech," *Architecture* (October 1995) pp. 107-113.

Betsky, Aaron. "Making monuments in the sprawl: the architecture of William Bruder," *Archis* (July 1996) pp. 18-33.

Curtis, William. "William Bruder in Arizona," *Architecture d'aujourd'hui* (October 1996) pp. 73-87.

Jacobs, Karrie. "Public space in a private city," *Metropolis* (March 1996) pp. 56-69.

Riera Ojeda, Oscar, ed. *Phoenix Central Library* (Gloucester, Massachusetts: Rockport Publishers, Inc.) 1999.

旧金山 Prada 塔

Makovsky, Paul. "Prada A to Z: the Koolhaas-OMA Prada Shopping Guide," *Metropolis* (October 2001) pp. 94-99.

"OMA-Rem Koolhaas: Prada, New York, Los Angeles, San Francisco," *A+U* (December 2001) pp. 50-55.

"Prada San Francisco Epicenter," *A+U* (August 2002) pp. 122-125.

伦敦皇家阿尔伯特赛艇码头中心

Almaas, Ingerid Helsing. "Presence of Mind," *AA Files 39* (Autumn 1999) pp. 40-47.

西雅图中心图书馆

"OMA@work.a+u," *A+U* (May 2000, special issue), pp. 84-105.

仙台媒体中心

Avermaete, Tom. "Architecture for a paradoxical urban condition: Toyo Ito's Mediatheque in Sendai," *Archis* (No. 2, 2000) pp. 106-116.

"Dialogue with Toyo Ito/Sasaki," *Kenchiku Bunka* (June 1999) pp. 105-148.

Japan Architecture (Spring 2001) vol. 41, entire issue.

"Mediatheque in Sendai," *DETAIL* (October-December 2001) pp. 1263-1277

Webb, Michael. "Layered Media," *The Architectural Review* (October 2001) pp. 46-51.

"Toyo Ito: Mediatheque Sendai, Sendai, Japan, 1997-2000," *Lotus International* (No. 112, 2002) pp. 58-67.

苏黎世信号塔

Gigon, Annette. *Annette Gigon, Mike Guyer, 1989-2000: the variegated minimal* (Madrid: El Croquis Editorial) 2000.

"Railway Switching Station," *El Croquis* No. 102 (2000) pp. 122-129. (Monograph on the work of Gigon/Guyer 1989-2000)

Bürkle, Christoph, ed. Gigon, *Guyer Architekten: Arbeiten 1989 bis 2000* (Sulgen, Zürich: Niggli) 2000.

巴黎品红桥

Fromonot, Françoise. *Marc Mimram: Solferino Bridge Paris* (Basel: Birkhäuser) 2002.

多伦多耐候钢结构住宅

Carter, Brian. "Canadian Weatherman," *The Architectural Review* (August 2002) pp. 76-79

Pesce, Gaetano. "Introduction," and Milojevic, Michael, "Time Constructions," *Praxis volume* 1, issue 1 (2000) pp. 26-49.

全书

Balmond, Cecil. *Informal* (Munich: Prestel Verlag) 2001.

Blanc, Alan; McEvoy, Michael; and Plank, Roger, eds. *Architecture and Construction in Steel* (London: E and FN Spon) 1993.

Brookes, Alan and Chris Grech, *The Building Envelope and Connections* (Oxford: Butterworth) 1997.

Frampton, Kenneth. *Studies in Tectonic Culture: The poetics of Construction in Nineteenth and Twentieth Century Architecture* (Cambridge: The MIT Press) 1995.

McKean, J., *Crystal Palace* (London: Phaidon) 1994.

Rahgeb, J. Fiona, ed. *Frank Gehry, Architect* (New York: The Solomon R. Guggenheim Foundation) 2001.

Rice, Peter. *An Engineer Imagines* (London: Artemis London) 1994.

Schulitz, Helmut C., Sobek, Werner, and Habermann, Karl J., *Steel Construction Manual*, (Munich: Edition Detail and Basel: Birkhäuser) 2000.

Schittich, Christian, ed. *Building Skins: concepts, layers, materials* (Munich: Edition Detail and Basel: Birkhäuser) 2001.

Smith, Terry. *Making the Modern: Industry, Art and Design in America* (Chicago: University of Chicago Press) 1993.

Zahner, William L.. *Architectural Metals: A Guide to Selection, Specification, and Performance* (New York: John Wiley & Sons, Inc.) 1995.

插图提供

2001 年体验音乐项目（Stanley Smith）：第 115 页上图

2001 年体验音乐项目（Lara Swimmer）：第 114 页，第 116 页下图，第 118、119 页，封面照片航拍。承蒙盖茨黑德委员会：第 35 页

Arup：第 12 页，第 13 页左图，第 66、67 页，第 72 页右上图（绘图），第 84、85 页，第 136 页左下图

Arup/Bill Timmerman：第 88、89、91 页

Erika Barahona Ede：第 47 页左上图

Bauwelt 13/1997，第 682 页：绘图 49 下

Beechcraft 照片；来自：Your private sky，R. Buckminster Fuller，Joachim Krausse，Claude Lichtenstein(eds.)，Baden，1999，第 247 页：13 右

Will Bruder 与 Wendell Burnette：第 90 页

建筑设计协作：底 1 页上图，第 32 页

Buro Happold/Mandy Reynolds：第 2 页，第 31 页中图＋下图，第 33、53 页，第 54 页上图，第 55 页，第 86 页左图，第 99 页上图，第 100、101 页，第 102 页下图＋左中图

©Peter Cook/VIEW：第 98/99 页，第 104 页

Detail 6/2000，第 1020–1022 页：绘图 101

James Dow：第 120–123 页

Ford Archives，833.682：7

盖里建筑事务所 LLP：第 15、46 页，第 47 页左图＋右图，第 115 页下图，第 116 页左中图＋右图，第 117 页中图＋右图

©Dennis Gilbert/VIEW：第 10 页右图，第 44–45 页，第 47 页右上图，第 48 页，第 78 页左图，第 103 页

Scott Gilchrist/archivision.com：第 8 页左图

邦尼通信社的 Doug Hall 和 Lee Smith。承蒙盖茨黑德委员会：第 39 页顶图

Guy Hearn：第 37 页右图

H.Helfenstein：第 125 页底图，第 127 页左图

Matthew Heseltine：绘图 90、91

Anthony Hunt 联合事务所：第 106–108 页

Keith Hunter：第 28 页

Institut Geographique National：第 61 页下图

伊东丰雄联合事务所：第 76 页左上图＋右图

Ulrich Konigs：第 70–73 页

Balthazar Korab：第 8 页左图，第 10 页左图

Ian Lambot：第 16 页左下图＋右图，第 17 页顶图＋底图，第 18、19、21 页

Annette LeCuyer：第 41 页左图，第 86 页，第 110–113 页

Ron Lloyd：第 80 页左图

Domi Mora：第 68 页左图

Michael Moran：第 128、133 页

Christian Moutarde：第 60 页左图＋中图，第 64 页左图，第 64 页底图

Harald F.Muller：第 125 页顶图，第 127 页右上图

Nacasa 建筑事务所有限公司：第 74、77、79 页

OMA/LMN：第 82 页

OMA：第 110 页，第 134–137 页

Keith Paisley。承蒙盖茨黑德委员会：第 39 页底图

Graeme Peacock：第 36 页右下图，第 38 页

Christian Richters：第 60 页右图，第 61 页顶图，第 63 页，第 64 页右图，第 65 页顶图，第 87 页右图

Ian Ritchie 建筑事务所：第 69 页，第 92–97 页

Bjorn Normann Sandaker/Arne Petter Eggen，Die Konstruktiven Prinzipien der Architektur，巴塞尔，1994 年，70：9 左图

Christian Schittich：第 102 页右图

Johann Sischka/Waagner Biro，第 41 页右图，第 42 页，第 54 页左中图

Skilling，Ward，Magnusson 与 Berkshire：第 80 页右下图，第 81 页底图

Degenhard Sommer，Lutz Weiser，Bernhard Hohhetschek，Architecture for the Work Environment：New Buildings for Trade and Industry in Austria，巴塞尔，1995 年，91：87 左图

Bill Timmerman：第 89 页底图，第 91 页顶图

维多利亚与阿尔伯特博物馆：第 6 页

Bernard Vincent：第 9 页右图

Simon Warren，承蒙 Wilkinson Eyre 建筑事务所：第 14 页左图

Wilkinson Eyre 建筑事务所：第 14 页右图，第 34 页左图，第 36 页顶图＋左下图

Tod Williams Billie Tsien 联合事务所：第 129、130、132 页

Nigel Young/ 福斯特建筑事务所：第 22–27、43、50、52 页，第 54 页左下图＋右图，第 56–59 页

除非注明，所有绘图与建筑示意图均由建筑师与工程师提供。

本书在鉴定版权方面已经尽了最大努力，如有误漏之处，将在新版中予以更正。